## Collection d'un Amateur

# OBJETS D'ART

## de la Corée, de la Chine

## et du Japon

*Collection d'un Amateur*

# OBJETS D'ART
## DE LA CORÉE, DE LA CHINE ET DU JAPON

*BRONZES ET BOIS — PEINTURES
CÉRAMIQUE — ÉMAUX — ÉTOFFES
PARAVENTS — MEUBLES
LIVRES ILLUSTRÉS DE LA CORÉE
GRAVURES — ESTAMPES, ETC.*

DONT LA VENTE AURA LIEU A PARIS
**HOTEL DROUOT, SALLE N° 1**
*Du Lundi 27 au Jeudi 30 Mars, à 2 heures*

Mr ANDRÉ DESVOUGES, Commissaire-Priseur
Rue de la Grange-Batelière, 26, successeur de Mᵉ Maurice Delestre
M. ERNEST LEROUX, Expert, rue Bonaparte, 28

**EXPOSITION PUBLIQUE**
*Le Dimanche 26 Mars, de 2 à 6 heures*

PARIS
ERNEST LEROUX, ÉDITEUR
28, Rue Bonaparte, 28

1911

## ORDRE DES VACATIONS

### LE LUNDI 27 MARS

| | |
|---|---|
| Bois et Laques. . . | 77-134. |
| Éventails, etc. . . | 212-233. |
| Livres coréens, etc. . | 711-851. |

### LE MARDI 28 MARS

| | |
|---|---|
| Pelleteries. . . . | 447-449. |
| Nattes.. . . . | 450-456. |
| Objets du Maroc. . | 457-460. |
| Pierres, etc. . . . | 135-176. |
| Bronzes. . . . . | 1- 76. |
| Monnaies.. . . . | 473. |
| Émaux. . . . . | 395-412. |
| Verres. . . . . | 474-476. |
| Objets divers.. . . | 177-211. |

| | |
|---|---|
| Armes. . . . . | 234-257. |
| Instruments de musique. . . . | 258-263. |

### LE MERCREDI 29 MARS

| | |
|---|---|
| Céramique. . . . | 560-710. |
| Étoffes. . . . . | 264-346. |

### LE JEUDI 30 MARS

| | |
|---|---|
| Influence de l'Europe en Chine. . . . | 347-394. |
| Meubles. . . . . | 413-446. |
| Paravents.. . . . | 461-472 |
| Peintures.. . . . | 477-559. |
| Supplément. . . . | 852-883. |

## CONDITIONS DE LA VENTE

Elle sera faite **au comptant.**

Les adjudicataires paieront **dix pour cent** en sus des enchères.

L'exposition mettant le public à même de se rendre compte de l'état et de la nature des objets, il ne sera admis aucune réclamation, une fois l'adjudication prononcée.

# EXTRAIT
### DU
# BULLETIN DE L'ASSOCIATION FRANCO-CHINOISE
*(Janvier 1911).*

Une vente importante d'objets d'art d'Extrême-Orient aura lieu dans la seconde quinzaine de mars, à l'Hôtel Drouot, sous la direction de M. Ernest Leroux et par les soins de M⁰ Desvouges.

Cette collection, réunie pendant un séjour de trente ans dans les divers États de l'Asie Orientale, comprend des bronzes, des bois sculptés et laqués, des armes, des soies brodées et tissées, des porcelaines et faïences, des peintures, des albums, des livres, des monnaies de provenances chinoise, japonaise et coréenne.

D'après les indications que nous avons pu recueillir, la série coréenne paraît être une des plus considérables qui aient jamais été dispersées et elle est particulièrement riche en spécimens d'un intérêt artistique ou ethnographique. On y trouve notamment des meubles niellés d'argent ou garnis d'ornements en cuivre ou en nacre, des paravents peints ou brodés, une suite de 2 500 monnaies et amulettes. Nous y signalerons une précieuse collection de livres imprimés en caractères mobiles, dont le plus ancien est daté de 1377. Parmi ces ouvrages, on remarquera trois éditions rarissimes du *Sam kang haing sil to,* publié en 1434 avec des planches qui, d'après M. Satow, auraient indiqué aux Japonais le parti qu'ils pouvaient tirer de la gravure sur bois pour l'illustration des livres. Nous ne devons pas oublier une remarquable série de portraits représentant les grands Conseillers du royaume, qui, par leur facture, rappellent les œuvres de nos primitifs.

Dans les objets chinois, nous avons noté un grand brûle-parfum avec niellures d'or et d'argent, un autre portant la date de 1725 et le nom de l'artiste Po Eul-to qui l'a exécuté par ordre impérial, de nombreux vases, plats et assiettes en porcelaine de diverses époques, un service de table en étain argentifère, composé de 116 pièces, dont les récipients affectent les formes des mets qu'ils sont destinés à contenir, canards, poissons, fruits, etc., des peintures, dont quelques-unes très remarquables, et qui sont d'ailleurs longuement décrites au catalogue, des livres avec estampes en couleurs, et parmi ceux-ci quelques volumes du *Che tchou tchai mo houa* et du *K'ai tseu yuan houa tchouan*.

On a ajouté dans le catalogue, sous la rubrique « l'Europe en Chine aux XVII$^e$ et XVIII$^e$ siècles », une collection d'objets européens qui avaient alors la faveur des Chinois : émaux de Limoges, boîtes et drageoirs, nécessaires de toilette, étuis, parmi lesquels on retrouve, non sans quelque surprise, un socle en porcelaine de Chelsea, décoré de peintures dans le genre de Teniers et de paysages hollandais, qui semble avoir fait partie d'un groupe sans doute apporté à Pékin par l'ambassade de lord Macartney en 1792. Les amateurs y verront aussi les peintures et les figurines en pierre ou en ivoire, dans lesquelles la fantaisie des artistes chinois s'est exercée pour représenter les étrangers apportant le tribut à la Cour impériale.

Sans insister sur les objets japonais, nous ne pouvons cependant passer sous silence quelques belles armes et, au milieu de celles-ci, une lame de Naotsugu (1338-1341), de même qu'un paravent sur fond d'or, signé Fujiwara Eishin qui, dans la figuration d'un épisode concernant la révolte de Taira Tadatsune, a représenté d'une façon magistrale le passage du Tonogawa par Yorinobu, accompagné de quelques cavaliers d'élite.

Il est permis de prévoir que cette vente, d'un intérêt exceptionnel pour les amateurs, obtiendra le plus vif succès.

# TABLE ALPHABÉTIQUE

DES

# PRINCIPAUX OBJETS

Affiches de théâtre, 832.
Aiguières, 32, 51.
Aïnos, 839.
Albums. Voir Peinture.
Amulettes, 13, 473.
Anatomie, 119, 133, 161, 178, 847, 849.
Animaux cycliques, 637.
Anneaux, 146, 242.
Arc, 242.
Argent (objets en), 52 ter, 59, 193, 208.
Armes et accessoires, 234-257, 391.
— préhistoriques, 240, 255.
Art dentaire, 847.
Assiettes, plats et soucoupes, 394, 410, 580-586, 590, 591, 597, 598, 600, 603, 604-608, 609-613, 624, 627, 692-696.
Atlas coréens, 790-792, 794.

Bagues, 146, 186, 242.
Baguettes de table, 147-159, 190.
Bambous, 509, 537.
Bateaux, 93, 534, 535, 543 ter.
Boccaro, 569-572.
Bois naturels et laqués, 77-134 bis.
Boîtes et bonbonnières, 49, 58, 98, 108, 127 bis, 164, 173, 232, 347-361, 587, 588, 623, 681, 682, 703.
Bouddhisme. Voir Châsse, Culte et Divinités.
Breloques, 12, 144, 147-159, 193, 194, 197, 199, 655.

Broderies, 264-346 ter, 467, 468.
Bronze, 1-76, 880.
Brûle-parfums, 2, 3, 4, 6-8, 15-17, 19, 22, 27, 31, 53, 61, 67, 395, 683.
Buires, 65.

Cabinets, 125, 428.
Cachets, 37, 42, 76, 140, 144, 200, 381.
Cadres, 105, 110, 111 bis, 118, 537.
Calendriers, 788, 824.
Canards, 52, 464-466, 525, 680.
Cannes, 133.
Cantine, 131.
Carquois, 238, 242, 243.
Cartes, 225, 790-798.
Castagnettes, 261.
Ceinture, 193.
— (agrafes, coulants et boucles), 142, 144, 146, 168, 185, 200, 365, 366, 370.
— (étuis pour la), 219.
— (netzkés chinois), 179, 199, 398.
— (netzkés japonais), 177, 178, 180, 233, 382, 688, 699, 881.
Ceinturons, 242, 250.
Céramique, 459, 560-710.
Chamanisme, 14, 504, 789, 839.
Chandeliers, 10, 48, 52 bis, 394 bis, 396, 631.
Chantilly (porcelaine de), 394.
Chapeau, 226.

— vi —

Chapeau (globules pour), 144, 187.
— (jugulaire pour), 145.
Chapelets bouddhiques, 195.
— catholiques, 379.
Chasse, 519.
Châsse bouddhique, 40, 122.
Chasse-mouches, 165, 166.
Chats, 143, 199.
Chauffe-mains, 26, 186.
Chaussures, 179, 227-230.
Chelsea (porcelaine de), 392.
Chevaux, 14, 42.
Chiens de Fo, 36, 699.
— pékinois, 519 bis.
Chimères, 33, 36, 117.
Cloche, 45.
Coffrets, 91, 101, 102, 107, 130, 136-138, 413, 415-420, 428, 431-435, 439, 440.
Collier, 145.
Confucius, 46.
Conque marine, 260.
Coquillages, 36, 38, 658, 659.
Cortèges (enterrement), 501, 505, 526.
— (mariage), 506.
Costumes de femmes chinoises, 302, 304.
— japonais, 332, 333.
— de mandarins chinois, 289, 298, 303, 311.
— (pectoraux pour), 272, 273, 307-310.
Coupe à libations, 43.
Couteaux, 147-159, 189-190.
Crabes, 66, 494, 514, 565.
Crapauds, 36, 38, 65, 116.
Cuillères, 62, 196.
Cuir (objets en), 242, 243, 431-435.
Culte bouddhique (objets du), 47, 90, 105, 123, 165, 186, 195, 231, 261, 265-268, 429.
— (livres), 711, 712, 716, 718, 719, 731, 742, 743, 760-763, 774, 775, 780, 826, 827, 831.

Dai koku, 121.
Danses, 178, 226, 297, 461, 462, 488.
Décamètre, 126.
Déesse des fleurs, 509 bis, 540.
Dharma, 86.
Diable pèlerin, 134 bis.
Dieu de la littérature, 160.
Divinités bouddhiques, 70-76, 85-88, 122-124, 135, 163, 508, 512, 523, 539, 547, 573, 878.
Dragons, 37, 39, 111, 112, 343, 450, 485.

Echantillons de soies lissées, 344.
Ecrans, 214, 217, 218.
Ecritoire, 403.
Emaux cloisonnés, 395-405, 879.
— européens, 360, 361, 363, 364-367.
— de Limoges, 386-390.
— peints, 406-412.
Encensoir, 47.
Encre, 192.
Encrier, 44, 409.
Epée, 391.
Epingle à cheveux, 656.
Estampes. Voir Gravures et Livres.
Etain (objets en), 33, 52.
Etagères, 443-446, 460.
Etoffes, 264-346 ter.
Etrangers apportant le tribut à l'Empereur de Chine, 381, 383-385, 543.
— au Japon, 382, 846, 847.
Etuis à tablettes, 109, 183, 371.
Europe en Chine (l'), 347-394.
Eventails, 212, 213, 215, 216, 219-225, 374, 376, 487, 511.

Faucon, fauconnerie, 82, 446, 485 bis, 519, 546, 840.
Fer de lance, 246.
Flèches, 242.
Fontaine, 55.
Fusil, 247.

Goumbri, 263.
Gourde, 92.
Gravures catholiques, 380.
— coréennes, 501-503, 775, 788, 789.
— chinoises, 530, 813.
— chinoises sur cuivre, 809.
— japonaises, 832, 836, 837, 841-850
Voir Livres illustrés.
Grelots, 200.
Grues, 52 bis, 563.
Guerre franco-chinoise, 542, 813, 814.
— russo-japonaise, 225.
— (art de la), 746-752.

Hache, 240.

Huit génies du taoïsme (les), 636.

Influence de l'Europe en Chine, 347-394.
Insectes, 496, 703.
Instruments de musique, 45, 52, 258-263, 459, 635.
Iris, 498, 509.
Ivoires, 170-174, 177, 183, 194, 382-385.

Jetons, 169.
Jouets, 68, 184, 204, 210, 211, 256.
Jou-yi (sceptre), 89.

Kodzouka, 188.
Kouan-yin, 85, 516, 521, 548, 560, 671, 705, 706.
Kriss, 244.

Lampe (de synagogue), 457.
Lance, 246.
Lanterne, 84 *bis*.
Lao-tseu, 39, 42, 278, 279, 576, 632.
Laque burgautée, 99, 100, 876.
— de Foutcheou, 95, 96, 109.
— du Japon, 125, 127, 128, 129, 130, 131.
— de Pékin, 97, 98.
Licorne, 18.
Livres chinois avec gravures, 799, 801-804, 811, 812, 815-822, 826, 827.
— avec gravures en couleurs, 800, 805-808, 810.
— coréens avec gravures, 713-715, 729-731, 744, 750, 756, 762, 765-767, 771, 774, 777, 780.
— coréens imprimés en caractères mobiles, 711, 713, 714, 722, 725, 741, 745, 754, 756, 758, 759, 764, 772, 773, 783, 787.
— japonais avec gravures, 833-835, 838, 840-843, 848, 849, 851.
— mantchous, 717, 736, 829.
— mongols, 737, 738.
Lorgnette, 375.

Maroc, 263, 457-459.
Marques intéressantes, 1, 17, 31, 570, 631.
Masse d'armes, 245.
Matraque, 248.
Médailles catholiques, 379.

Médecine, 847, 849.
Meubles, 413-446.
Métaux divers, 1-76.
Miroirs, 9, 194, 202, 203, 367-369, 442.
Monnaies, 473, 817-820.
Montres, 362, 363, 638.
Moulin à prières, 195.
Musique. Voir Instruments.
Musulmans (objets chinois à l'usage des), 23-25.

Nattes, 450-455.
Nécessaires de table, 147-159, 190.
— de toilette, 197, 372, 373.
Nénuphar, 61, 96, 580, 589, 593 *bis*, 668, 698.
Netzkés. Voir Ceinture.
Noix, 179.

Objets divers, 177-211, 876-883.
— européens, 347-380, 386-392, 394, 395.
— du Maroc et du Levant, 457-460.
Œufs d'autruche laqués d'or, 198.
Oies sauvages, 463, 553.
Opium (boîtes et pipes à), 200, 206.
Ours (le Sacrifice de l'), 839.

Papillons, 69, 197, 426, 496.
Parasol, 276.
Paravents, 269, 461-470, 497.
Pavots, 704.
Peaux, 447-449.
Pêche, 45, 52, 59, 570, 618.
Peignes, 182, 877.
Peintures chinoises, 505-543, 852-858.
— coréennes, 477-504, 748, 755.
— japonaises, 544-559, 839, 859-875.
Pelleteries, 447-449.
Pendentifs. Voir Breloques.
Pendule, 201.
Perroquets, 566.
Perse, 32, 51, 439-442.
Phallus, 123.
Phénix, 82, 111.
Pièces de soie, 274, 275, 324-328, 342.
Pierres, marbres et matières précieuses, 135-176.
Pigeons, 262.
Pinceaux, 167.

Pipes. Voir Tabac.
Pistolets, 239.
Plateaux, 33, 39, 44, 63. 99, 115, 127, 397, 412, 437, 438.
Poignards, 244 bis, 252.
Poires à poudre, 241, 247.
Poissons, 52, 56, 128, 493, 609, 702.
Porcelaine. Voir Céramique.
Porte-feuilles, 233.
Porte-miroirs, 202.
Porte-pinceaux, 20, 567, 594.
Portraits, 477, 490, 495, 510, 515, 532, 558.
Poteries. Voir Céramique.
— marocaines, 459.
Poupées, 204, 210, 211.
Poutai, 87.

Reliquaires, 186.
Renards, 127 bis.
Réservoirs à eau (pour l'encrier), 35-37, 39, 402, 680, 688.
Rhinocéros, 37.
Robes. Voir Costumes.

Sabres, 234-237, 249-254, 256.
Scorpion, 221.
Selle, 30, 257.
Sériciculture, 821, 822.
Serpents, 35, 41, 117, 119, 133, 517.
Service de table chinois, 52.
Sifflets, 262, 699.
Singes, 81, 178, 179, 340, 520, 555.
Soieries. Voir Broderies, Costumes, Pièces de soie, Tissus.
Souris, 178.
Statuettes, 60, 134 bis, 211.

Stores, 456.
Stoupa, 90.
Syllabaires, 788.

Tabac à fumer :
— (blagues), 233.
— (boîtes à), 11, 136-138, 181.
— (cendriers), 79.
— (coupe), 197.
— (pipes), 205-209.
Tabatières chinoises, 199, 475, 476, 638-654.
— européennes, 354.
Tables, 414, 421, 422, 427, 437 bis, 458.
Tambours, 258, 459.
Taoïsme (livres sur le), 753, 771, 777, 781, 789.
Tapis à offrandes, 265-268.
Tasses, 577, 592, 618, 667, 669, 684.
Taureau, 38.
Tchong-K'ouei, 507, 522, 536.
Thé (cérémonie du), 62.
Théâtre, 220, 222, 832.
Théières, 45, 52 ter, 58, 64, 65, 184, 402, 571, 572, 671 bis, 679, 684, 687.
Tiares, 231.
Tigres, 80, 199, 450, 489, 504.
Tissus et soies tissées, 264-346 ter.
Tonkin (meubles du). 436-438.
Tortues, 34, 35, 41, 55, 59, 337, 517.
Traversins (plaques de), 80.
Tubes à grillons, 108.

Vannerie, 134.
Verres, 474-476.
Vitrines, 430, 430 bis.
Voiture, 68.

# COLLECTION D'UN AMATEUR

## BRONZES ET MÉTAUX DIVERS

### CORÉE

1. Grande coupe, bronze jaune, circulaire, unie, creuse, portant au centre le cachet : 9° année Siuan-to (1434). Pourtour décoré d'une bande d'arabesques et d'une grecque en léger relief. Anses champignons. Larg. aux anses 0,29.

2. Brûle-parfums en bronze rouge, circulaire, tripode, à panse bombée, col recourbé, anses ajourées ; gravure à la panse de huit signes « *cheou* » sur fond entièrement gravé de grecques. Diam. 0,185, haut. 0,125.

3. Brûle-parfums bronze jaune, formé d'une coupe circulaire, unie, à deux mascarons en relief. Cachet Siuan-to. Diam. 0,19, haut. 0,09.

4. Grand brûle-parfums bronze, rectangulaire, à anses verticales, élevé sur quatre pieds cylindriques ; arêtes aux angles ; gravé en huit compartiments d'animaux chimériques sur fond de grecques et d'ornements triangulaires aux pieds. Socle bois. Long. 0,22, haut. 0,29.

5. Jardinière bronze, boule tronquée à la base et au sommet ; anses salamandres à anneaux mobiles ; gravure de deux grands caractères de félicité et longévité, plaques argent oxydé. Haut. 0,14, larg. aux anses 0,28.

6. Brûle-parfums en fer, boule tronquée, à anses mobiles et à base élargie, ajourée de *Koua*. Caractères plaqués argent. Haut. 0, 155, diam. 0,21

7. Brûle-parfums cylindrique en cuivre blanc à anses mobiles formées de caractères ; gravure en creux d'ornements, de caractères et de zones diverses. Haut. 0, 12, diam. 0,17.

8. Brûle-parfums hexagonal en fer, à anses chauves-souris mobiles, en argent. Pièce entièrement gravée sur chaque face de « *cheou* » sigillaires carrés, en-

tourés de couronnes de grecques et limités à quatre endroits par des décors en creux de rosaces enchevêtrées. Gravure à l'orifice et à la base. Haut. 0,165, larg. aux angles 0,22.

9. Neuf miroirs bronze, de diverses formes (Huit provenant de tombes coréennes et un japonais). Quelques-uns ciselés au revers d'attributs, de fleurs ou de caractères. Ce numéro sera divisé.

10. Trois chandeliers métal. Un chandelier de voyage se démontant et se renfermant dans sa base en forme de tortue-boîte. Un second avec un triple réflecteur ; formé de trois disques se baissant ou s'élevant à volonté. Un troisième de style hollandais.

11. Six boites a tabac en métaux divers. Quelques-unes sont gravées.

12. Quatre pendentifs avec leurs garnitures, en métaux divers. Un formé d'un vase rituel. Un second d'un vase orné de corail. Un troisième d'un vase filigrané. Un quatrième d'un vase couvert filigrané dont les parties creuses sont comblées par des applications de plumes de martin-pêcheur.

13. Quatre plaques destinées à porter des amulettes.

14. Chevaux en fer d'époque primitive (de 0,18, 0,13, 0,10) dont les Coréens attribuaient l'origine à un bonze (Poul ka sa ri) qui guérissait de la stérilité les femmes et montait un cheval de fer.

# CHINE

15. Grand brûle-parfums, tripode, à panse sphérique, col droit et large orifice, pieds à masques de monstres se terminant vers la base en grosses pattes à griffes. Les anses sont formées par deux dragons redressés partant de l'épaulement et appuyant leurs pattes antérieures sur le bord supérieur du col. Haut 0,45, circonf. 1,05.
Pièce niellée en or et argent de fleurs et de masques de taot'iès.

> Cet objet, qui provient de Séoul, passait pour avoir été offert en cadeau à un souverain coréen par un empereur de la dynastie des Ming.
> En raison de sa forme surhaussée qui révèle une origine antérieure au xv$^e$ siècle, où les brûle-parfums de ce genre prirent une apparence beaucoup plus ramassée et plus arrondie, ce bronze semble avoir été fabriqué avant l'ère King t'aï (1450-1457).

16. Petit vase brûle-parfums, bronze patine foncée, balustre circulaire élargi à deux arêtes et anses chimériques ; gravure en relief de taot'iès et chimères archaïques sur fond gravé de grecques, socle bois. Haut. 0,78, larg. aux anses 0,21.

17. BRÛLE-PARFUMS quatrilatéral à quatre pieds et couvercle ajouré. Bronze rouge, gravé en relief à la panse d'ornements géométriques formant masques de taot'iès sur fond de grecques ; gravures au col recourbé et aux deux anses; couvercle très ajouré de fleurs stylisées et de rinceaux ciselés. Haut. 0,21, larg. aux anses 0,195. Provient de Corée.

<blockquote>Au-dessous, l'inscription : « Brûle-parfum de forme antique : sur son pourtour est figuré l'éclat vermillon des écailles du dragon. De son intérieur sort la fumée bleuâtre du musc. Tong yu de Yo chan Kouan a fabriqué. »</blockquote>

18. LICORNE chimérique debout à quatre pattes, ornée de grelots. Haut. 0,20. Socle bois sculpté, ajouré.

19. PETIT BRÛLE-PARFUMS, bronze rectangulaire, élevé sur pieds recourbés à la base ; anses droites ; couvercle ajouré ; gravures de taot'iès. Arêtes aux panses et aux angles. Haut. 0,16.

20. PORTE-PINCEAU simulant cinq rochers coniques en bronze, patine brune, parties dorées ; oiseaux posés sur les sommets et cerf, biche et grand célosis à la base. Vieille pièce. Long. 0,195, haut. 0,135.

21. DEUX BOUTEILLES balustres, à panse sphérique surbaissée, cols cylindriques à bourrelets vers l'orifice, ornées en ronde bosse d'un dragon à double queue ; patine foncée avec traces d'or. Socles en bois tourné. Haut. 0,20.

22. PETIT BRÛLE-PARFUMS uni, cylindrique, élargi, sur trois hauts pieds, anses verticales. Patine brune. Haut. 0,16, diam. 0,105.

23. GARNITURE D'AUTEL à l'usage des musulmans chinois, composée d'un brûle-parfums circulaire surbaissé tripode, d'une boîte circulaire à encens et d'une bouteille contenant les bâtonnets de bronze et la pelle pour remuer les cendres. Les trois pièces sont sur fond creux orné de caractères arabes en relief. Trois socles en bois, un tourné, un ajouré.

24. MÊME GARNITURE, sans bâtonnets, ni pelle, avec marque au-dessous du brûle-parfums. Marque Siuan-to.

25. DEUX BOUTEILLES à inscriptions arabes, socle bois tourné. Haut. 0,14.

26. GRAND CHAUFFE-MAINS ovoïde, ajouré de huit parties gravées d'oiseaux fantastiques et fleurs. Long. 0,19, larg. 0,17.

27. BRÛLE-PARFUMS rectangulaire, en bronze doré à parties réservées en noir ; à deux anses et quatre pieds recourbés ; couvercle ajouré avec chien posant la patte sur la boule ; ciselure en haut relief d'un dragon, de nuages, de chimère, d'oiseau et de fleurs, gravé sur noir de scènes légendaires. Haut. 0,145, long. 0,145.

28. PETIT VASE balustre à mascarons et zone d'ornements à l'épaulement. Socle tourné. Haut. 0,103.

29. COUPE basse, brune, à taches dorées de 0,088 de diam. et 0,032 de haut. Socle bois.

30. DEUX ACCESSOIRES de selle chinoise en métal; décor en fort relief de chauves-souris et de caractères *cheou* (longévité). Long. 0,175.

31. BRÛLE-PARFUMS de forme oblongue, avec deux oreilles garnies de grecques, les quatre faces ornées d'oiseaux stylisés surmontant les yeux du t'aot'ié parmi des guirlandes et divisées en huit panneaux que coupent autant d'arêtes verticales dentelées. L'objet repose sur 4 pieds contournés, ornés des yeux du t'aot'ié et d'une grecque ; il est surmonté d'un couvercle en dôme légèrement incurvé que couronne un bouton en forme de nuages ajourés. Au couvercle, une bande de fleurs stylisées d'où partent des ornements également ajourés, au-dessous desquels deux paires de dragons, parmi des nuages et des ornements, font face à un disque portant le caractère *cheou*.

Sur l'une des faces du brûle-parfums se lit l'inscription en relief: *ta-Tsing Yong-tcheng y-sse nien Po Eul-to king tche*. Respectueusement ouvragé par Po Eul to en la 3ᵉ année de l'ère Yong-tcheng de la dynastie des Tsing (1725).

Provient de Séoul et semble être un don fait par l'Empereur de Chine au roi de Corée Yeng-tjo, lors de son investiture (1724-1776).

32. AIGUIÈRE du Turkestan chinois, forme persane, ornements en cuivre martelé.

33. TROIS PLATEAUX en étain. Deux hexagonaux lobés, gravés à plat de phénix sur rochers et fleurs. Cachet d'artiste. Long. 0,22. — Un troisième, circulaire gravé d'oiseaux et de pivoines. Diam. 0,32.

34. TORTUE bronze et son petit, sur des sinuosités imitant un cours d'eau. — Une tortue bronze à dos mobile formant brûle-parfums.

35. TROIS PIÈCES bronze. — Petit réservoir formé d'une chimère à trois pattes, à cou allongé et corps imbriqué d'écailles. — Mararaja transformé en tortue à tête de dragon, vaincu par le guerrier céleste Chen-wou, incarnation de l'Empereur Suprême du Ciel sombre. — Tortue chimérique à pattes de dragon et serpent enroulé. Légende populaire : accouplement du serpent et de la tortue.

36. QUATRE PIÈCES bronze : Chimère-licorne accroupie. — Crapaud ailé à trois pattes. — Bernard-l'ermite sortant d'un coquillage. — Chien de Fô couché.

37. RHINOCÉROS couché (vase à eau). — Grand cachet circulaire aplati surmonté de deux dragons combattant.

38. TROIS PIÈCES bronze. — Un crapaud bronze foncé, parties dorées. — Groupe de trois coquillages, parties dorées. — Un taureau.

39. QUATRE PIÈCES diverses en bronze. — Une finement ajourée et ciselée de dragons et de nuages. Haut. 0,07. — Petit flacon à eau formé en repoussé d'un Lao-tseu pèlerin, assis sur un socle de nuages et s'appuyant sur son bâton. — Deux petits plateaux : circulaire et lobé, en bronze doré.

40. CHÂSSE BOUDDHIQUE à toit recourbé, avec grosse perle agate et flamme au sommet.

41. TORTUE ET SERPENT en bronze jaune.

42. CHEVAL au repos, sur base formant cachet. Plaque repoussée : Lao-tseu sur son cerf, accompagné d'un serviteur.

43. PETITE COUPE A LIBATIONS (anciennement argentée), anse formée d'un anneau ; fines gravures de grecques, de taot'iès. Long. 0,105.

44. QUATRE PIÈCES : garniture cuivre blanc, composée d'un plateau, d'une coupe, d'un encrier et d'une boîte rectangulaire à compartiments intérieurs. Pièces gravées et réchampies en noir.

45. UNE THÉIÈRE métal blanc en forme de grosse pêche de longévité, gravée d'une poésie. — Cloche bouddhique en bronze.

46. CONFUCIUS, assis, les mains jointes, coiffé de la tiare plate et revêtu d'ornements finement gravés. Bronze doré. Haut. 0,17.

47. ENCENSOIR BOUDDHIQUE, en cuivre doré, formé d'un vase couvert, gravé de taot'iès, d'ornements, et ajouré au couvercle. Le vase est relié par des chaînes à des mufles de lions formant mascarons à la panse. Haut. du vase 0,20.

48. PAIRE DE CHANDELIERS, formés de personnages barbus sur socles et soutenant les bobèches. Haut. 0,25.

49. DEUX PIÈCES : Une boîte à offrandes, circulaire, en cuivre pâle, gravures de signes de félicité, dragons, fleurs et attributs bouddhiques. Diam. 0,08. — Boîte sphérique sur socle articulé à quatre pieds ; gravure de rinceaux, grecques et attributs bouddhiques en creux. Haut. totale 0,195.

50. PETIT VASE, à patine couleur fer, cylindre finissant en quatre lobes élargis et base formée de quatre branches bombées se terminant en feuilles à la base. Parties dorées. Socle bois. Haut. 0,10.

51. AIGUIÈRE de forme persane en cuivre uni, à anse, doublée d'osier, socle bois tourné.

52. SERVICE DE TABLE (cadeau de mariage), en étain argentifère, composé de 116 pièces, fabriqué par un artiste de la maison Yi-ho (*vaste concorde*), sise à Tch'ao-yang, province de Kouangtong. L'artiste a voulu figurer les vases à eau, trépieds et cloches de l'antiquité la plus reculée reproduits dans le *Pou Kou T'ou* (recueil d'objets anciens).

Composition du service : 2 grands récipients et 35 vases de formes différentes, canards, carpes, réchaud, instruments de musique, brûle-parfums, pêches, etc., 28 assiettes, 24 soucoupes, 16 présentoirs ou coupes, 12 tasses. Au total 116 pièces.

Tous ces objets sont finement ciselés, ornés de fleurs, papillons, oiseaux et cavaliers : quelques-uns garnis de boutons en une pierre ressemblant au jade et d'autres portant le double signe du bonheur conjugal.

52 *bis*. DEUX FLAMBEAUX en métal blanc : Grandes grues tenant en leur bec un champignon (*ling tche*) formant bobèche. Socles rectangulaires ajourés, en même métal. Haut. 0,475.

52 *ter*. THÉIÈRE argent repoussé à anse double, mobile, gravure d'ornements divers.

## JAPON

53. GRAND BRÛLE-PARFUMS, bronze jaune, à couvercle ajouré ; il est formé d'un large et bas cylindre. Panse à fond uni, limitée à l'orifice et à la base par des joncs de bambou en fort relief ; les anses recourbées et les trois pieds de mêmes motifs sont avec branches feuillues remontant sur la panse. Couvercle ajouré de tige et branches feuilles très ajourées. Au dessous : cachet *Ta Ming Siuan to*. Pièce reproduite dans l' « Art japonais » de Gonse, page 157. Haut. 0,185, larg. aux anses 0,26.

54. VASE ÉLANCÉ, panse sphérique et long col à petites tubulures parallèles, avec ornements en relief à l'orifice, à la panse et à la base. Haut. 0,135.

55. GROSSE FONTAINE, à couvercle surmonté de deux tortues ; grande sphère sur socle ajouré, avec anses à masques chimériques et robinet très saillant formé de la partie antérieure d'un dragon ; gravures de grecques et de triangles curvilignes, bronze foncé uni. Haut. 0,50, larg. aux anses 0,43.

56. DEUX CARPES debout, formant porte-bouquets, patine rouge. Haut. 0,22.

57. GRANDE BOUTEILLE à saké, en cuivre jaune rouge, à six pans, décorée de douze caractères et de feuilles en noir et or. Haut. 0,28.

58. UNE GRANDE BONBONNIÈRE repoussée cuivre argenté, ornée de dragons. — Théière formée d'un pigeon à une aile éployée, en métal argenté.

59. DEUX COUPES, argent : l'une en forme de moitié de pêche, cachet ; l'autre, forme calotte sphérique avec, au centre, une tortue en ronde bosse finement ciselée. Signée.

60. DAME AGENOUILLÉE dans une attitude respectueuse ; tête nue, la grosse natte

retombant sur son dos ; ample vêtement. Gravures de nuages stylisés. Patine noire. — Petit sabre en bois sculpté joint à cette pièce. Haut. 0,21.

61. BRÛLE-PARFUMS, formé d'une fleur de nénuphar, couvercle ajouré : tortue en ronde bosse. Haut. 0,09.

62. CUILLÈRE pour la cérémonie du Tchanoyu, formée d'une feuille ovale. Manche imitant une tige de bambou. Bronze foncé.

63. UN GRAND PLATEAU plat circulaire en cuivre pâle, aux armes d'un Tokougawa. Gravure en creux et relief de dragons à moitié cachés par des nuages. Diam. 0,39.

64. PETITE THÉIÈRE en métal brun, argenté à l'intérieur ; gravures en relief réservées en tons clairs. Signature d'artiste au couvercle.

65. TROIS PIÈCES : Une buire à vin, cuivre repoussé, dragon dans les nuages. — Une autre, décorée du Sennine au crapaud. — Une théière en cuivre rouge doré à l'intérieur.

66. TROIS PETITES PIÈCES : personnage assis, en ancien costume japonais, tenant une poche à tabac de la main droite. — Crabe bronze. — Feuille repoussée, avec petite grenouille.

67. BRÛLE-PARFUMS minuscule, fer niellé, en forme de coupe couverte, sur socle.

68. JOUET D'ENFANT. Carrosse de gala à l'européenne, en fer blanc polychromé, représentant le Mikado et la Mikadesse, la première fois qu'ils sont sortis en voiture. Attelage à six chevaux avec postillons, cocher et valets de pied. Long. 0,415, haut. 0,10.

69. GRAND ET LARGE VASE à panse surbaissée, écrasée et recourbée en forte saillie anguleuse, surmontée d'un long col recourbé et très élargi à l'orifice ; deux petites anses papillons mobiles. Bronze foncé uni. Haut. 0,33. Diam. à l'orifice 0,32.

## DIVINITÉS BOUDDHIQUES

70. ÇAKYAMOUNI, coiffure frisée à haut chignon, accroupi sur socle de lotus. Il a l'urnâ au front, les jambes repliées, la plante des pieds en dessus, le bras droit tombant, la main droite posée sur la jambe, la paume en dedans et la main gauche ramenée sur la plante du pied gauche. Bronze patiné, traces de dorure. Haut. 0,23.

71. ÇAKYAMOUNI, cheveux frisés, urnâ au front, accroupi, jambes repliées,

main droite levée, main gauche baissée tenant un lotus. Bronze doré. Haut. 0,125.

72. BODDHISATVA, accroupi sur un socle de lotus, bronze patiné à traces d'or. Il a les jambes repliées, la plante des pieds en dessus, la main droite levée à hauteur de la poitrine, le bras gauche tombant, la main posée la paume en l'air. Vieux bronze de 0,13 de haut.

73. PRÊTRE en prière, grosse tête à protubérance, debout sur un socle de lotus. Bronze patiné. Haut. 0,165.

74. DIVINITÉS TIBÉTAINES : Personnage nu à califourchon sur un autre. — Une deuxième à quatre pattes sur le dos de laquelle est assise une divinité à chevelure de flamme, tenant un *vadjra* (foudre). — Figure grotesque en forme de marotte, d'aspect très archaïque.

75. DEUX BODDHISATVAS minuscules : un accroupi et un debout, en bronze doré et bronze patiné.

76. QUATRE MINUSCULES PIÈCES : Un personnage barbu assis, tenant une branche. — Divinité lamaïque hindoue, assise, les mains croisées. — Ushnisha Vijaya à six bras, tête diadémée, accroupie sur un lotus. — Kouan-yin debout formant un cachet.

# BOIS NATURELS ET BOIS LAQUÉS

## CORÉE

77. CYLINDRE en bois brun verni, ajouré et sculpté de grues et de pins. Haut. 0,165, diam. 0,165.

78. TROIS PITONGS cylindriques, en bambou gravé de phénix et de fleurs ; réserves en vernis rouge.

79. DEUX CENDRIERS circulaires, en bois à ombilics proéminents. Diam. 0,13.

80. CINQ EXTRÉMITÉS d'oreillers-traversins de diamètres différents : deux de 0,185, laqués noir, incrustés en nacre à irisations, de tigres fantastiques, boules et grecques ; deux de 0,21, laqués noir, incrustés en nacre irisée de tigres, sapins, bambou et ornements triangulaires ; un cinquième de 0,24 en bambou gravé en relief d'un grand tigre et d'un sapin, par clair de lune.

81. DEUX CYLINDRES de 0,15 de haut, 0,11 et 0,12 de diamètre, bois sculpté ; singe et grand pin.

82. ADMIRABLE FAUCON, grandeur nature, debout sur branche ; sculpté en ronde bosse à tons naturels. Pièce en bois sculpté et peint par Moun Tjeungmai, un des maîtres anciens, le plus populaire en Corée. Grandeur de l'oiseau du bec à la queue 0,30.

83. PHÉNIX en bois sculpté. Cette pièce était suspendue au plafond d'un palais. Long. 0,43.

84. TUBE CACHE-POT octogonal, en bois laqué doublé de huit lames en cornes de bœuf, peintes en tons polychromes de huit animaux divers et fleurs. Haut. 0,18, larg. 0,17.

84 bis. GROSSE LANTERNE pour sortie nocturne, en bois, ovoïde, de 0,295 sur 0,235, gravée en relief de *Koua*, d'ornements, de grecques et de chauves-souris, surmontée d'un manche ajouré à garniture en cuivre. A l'intérieur, appareil mobile pour la chandelle. Haut. totale 0,50.

# CHINE

85. Kouan-yin, entièrement laquée d'or à patine foncée. Elle est accroupie, la jambe gauche repliée à terre, la droite pliée en avant, le genou relevé sur lequel se pose l'avant-bras droit, la main ouverte paume en dessus, bras gauche tombant le long du corps, la main posée à terre. Vieille pièce. Haut. 0,375.

86. Dharma, accroupi, un genou relevé, buste nu. Bois doré (main cassée).

87. Statuette de Pou tai en bois brun, figure réjouie, poitrine nue, vêtement drapé, un sac sur l'épaule. Haut. 0,145.

88. Boddhisatva à 18 bras, accroupi, les jambes repliées, la plante des pieds en dessus, diadème, ornements sur la poitrine. De chaque main il tient un attribut. Bois sculpté doré. Haut. 0,135.

89. Jou-yi (sceptre) en laque de Pékin, ciselé de sujets légendaires, attributs, grecques, chauves-souris. Gland en soie. Long. 0,40.

90. Stoupa en bois sculpté et doré, corps central tourné à profils divers (dans lequel se voit en creux une niche minuscule décorée d'un bouddha endormi), sur une base quadrilatérale à motifs d'ornements, de chiens chimériques, de perles et de cabochons de pierreries. Le sommet en cône est terminé par un disque plat sur un croissant. Style indochinois. Haut. 0,33.

91. Vieux coffret du Turkestan, laque noir, ayant la forme d'un vase octogonal à deux grands côtés sur piédouche. Gravé partout d'ornements en nacre à chaudes irisations. A l'intérieur traces de dorure. Long. 0,23, larg. 0,145, haut. 0,15.

92. Gourde grossie et comprimée dans un moule en cuivre ; panse inférieure à quatorze facettes : six en losanges et huit triangulaires à reliefs de personnages mythologiques et caractères de félicité. Haut. 0,21.

93. Jonque, trois mâts à voiles, en bois sculpté et ajouré ; inscription. — Sur un tréteau sculpté. Haut. totale 0,47, long. 0,37.

94. Pitong cylindrique ajouré, en bois naturel de fougères arborescentes de Formose.

95. Une grosse potiche couverte, à deux grandes anses, laquée (genre vernis Martin) en noir rehaussé de dragons, nuages et grecques en or. Haut. 0,49, diam. 0,28.

96. Gigantesque feuille de nénuphar en bois sculpté, ajouré, laqué, formant plateau sur lequel se voit une grenouille auprès d'une fleur. Ce plateau est

supporté par des tiges et des fleurs. Le tout laqué d'un ton vert bronze et rouge Laque de Foutcheou. Long. 0,215, larg. 0,18 (Pièce analogue reproduite dans Bushell, fig. 88).

97. HAUTE BOITE ovoïde à sommet tronqué et à six côtés, en laque de Pékin rouge-brun ciselé: sujet légendaire, de six scènes de paysages animés, et, au bas, de six médaillons d'arbres fleuris alternant avec des zones fleuries. Haut. 0,28, larg. 0,27.

98. BOITE-BONBONNIÈRE circulaire, en laque rouge de Pékin, ciselée de scènes légendaires et de fleurs. Diam. 0,135.

99. VIEUX PLATEAU bois, laqué noir, décoré, dessus en burgau de paysages et dessous de fleurs. Long. 0,46, larg. 0,39.

100. TROIS PETITES COUPES à pied, laquées noir, et très finement burgautées à l'extérieur, du haut en bas, de paysages animés et d'ornements avec rehauts d'or; soucoupes même genre de décor. Poésies. Haut. des coupes 0,079, diam. des soucoupes, 0,125.

101. UNE GRANDE BOITE rectangulaire, bois brun naturel, de 0,38 sur 0,27 et 0,06 de haut., à couvercle sculpté de chauves-souris volant autour du caractère de félicité.

102. LONGUE BOITE rectangulaire, bois brun, de 0,40 sur 0,10 et 0,055. Même décoration.

103. DEUX PIÈCES. Un appuie-main en bambou sculpté de fleurs. — Une boîte à papier en bambou gravé.

104. SOCLE rectangulaire, bois brun sculpté, de 0,33 de long sur 0,22 de large et 0,10 de haut.

105. CADRE en bois sculpté et évidé, représentant dix attributs religieux sur fond de nuages, dos garni en soie. Long. 0,20, larg. 0,175. — Autre cadre sculpté, ajouré de branches fleuries. Long. 0,16, larg. 0,13.

106. BOITE en bois noir ayant l'aspect doux de la corne. Elle est formée de deux disques conjugués, sculptés et gravés au couvercle de deux couronnes enchaînées d'ornements et de clous avec dragons à queues doubles. Le dessous est en bois plus clair. Long. 0,15, larg. 0,102, épaisseur 0,05.

107. COFFRET en bois naturel sculpté, gravé d'oiseau et fleurs. Long. 0,245, larg. 0,12.

108. UN ÉTUI cylindrique en bois brun ajouré et sculpté : dieu de la littérature. Long. 0,22, diam. 0,045. — Un étui bambou cylindrique ajouré, sculpté : scène familiale. Long. 0,195, diam. 0,055. — Petit étui bambou, uni, gravé ; combat d'insectes.

109. Trois pièces. Deux étuis à tablettes laqués vert et or. — Un étui à cigarettes. Pièces en laque de Foutchéou.

110. Deux cadres bois sculpté : un doré, un bois naturel.

111. Panneau à deux faces, en bois ajouré et sculpté : dragons, phénix, attributs et nuages. Long. 0,45, larg. 0,34.

111 *bis*. Un cadre en bois et ivoire ajouré et sculpté. Ouverture intérieure 0,21, extérieure 0,41 sur 0,45.

## JAPON

112. Frise en bois sculpté, de 0,85 d: long sur 0,145 de large : grand dragon en relief très saillant sur fond de nuages.

113. Bois sculpté ajouré, bois naturel : gros oiseau et vieux tronc d'érable. Haut. 0,415.

114. Un panneau rectangulaire, bois naturel, ajouré, et sculpté : oiseau et branches fleuries. Haut. 0,49, larg. 0,265.

115. Un plateau bois naturel gravé : vieillard et enfant regardant voler une grue 0,295, sur 0,22.

116. Gros Crapaud au repos (signé Massanao).

117. Racine naturelle contournée formant groupe de serpents. Long. 0,10, haut. 0,08. — Un chien chimérique assis; racine de bambou.

118. Trois cadres en bois noir.

119. Tête de mort et serpent, bois à deux tons, sculpté, ajouré. Haut. 0,265.

120. Un panneau bois naturel de 0,685 sur 0,44, sculpté en relief laqué : grand vase rituel imitant le vieux bronze avec marque de taot'iè : branche de pivoine à grosse fleur en ivoire sculpté.

121. Un gros Daïkokou debout sur deux sacs de riz et tenant de ses deux mains un maillet et un sac. Bois laqué, ornements bronze doré aux sacs. Haut. 0,33.

122. Grande châsse de 0,63 de haut, laque noir, ornement bronze doré gravé, intérieur doré. A l'intérieur un Boddhisatva, debout sur un lotus, se détache sur un grand nimbe. Il tient en ses mains ramenées vers la poitrine une tige de lotus. Il a l'urnà au front, le diadème sur la tête. Pièce dorée et patinée par l'encens. Bois sculpté doré.

123. Grotte en forme de phallus, avec anfractuosité où se voit un Bouddha debout. Haut. 0,145.

124. Daï niti niobaï, à chignon vertical, nimbé et accroupi sur un socle de lotus surélevé par des zones de sculptures. Il a l'urnâ au front, le buste presque nu, les jambes croisées, la plante des pieds en dessus et les bras faisant le geste de la méditation. Il est diadémé d'un ornement en bronze doré avec pendeloques en verroterie. Bois sculpté doré. Haut. 0,51.

125. Vieux cabinet minuscule de 0,085 de large, 0,10 de haut et 0,14 de profondeur, en laque noir presque mat, finement décoré dessus et autour de paysages animés, en or à parties en relief et paillonnées d'un carrelage minuscule en or. A l'une des petites faces, une porte à charnière découvrant trois étroits et longs tiroirs à intérieur aventuriné. Poignée et fermeture métal oxydé.

126. Décamètre formé d'un appareil en laque noir à rehauts d'or et d'une longue cordelette en ganse brune se déroulant au moyen d'une roulette bobine. Pièce intéressante.

127. Un plateau bas circulaire, laque rouge, décoré d'un gigantesque oiseau de Hô. Diam. 0,358.

127 bis. Jolie boite rognon, en noir glacé décoré d'or frotté, dans le genre Shunsho : cortège seigneurial de renards avec rehauts de burgau à orients polychromes. Au pourtour, on voit les lanterniers et, au couvercle, un poudré minuscule d'aventurine imitant le ciel étoilé et le terrain.

128. Un panneau laqué noir rectangulaire de 0,45 sur 0,34, gravé en creux et fort relief : carpe nageant entre des plantes aquatiques. Tons imitant le bronze et rehaussés d'or. — Un panneau formé éventail ouvert, bois noir gravé d'un vieil arbre, de chrysanthèmes et d'herbes. Larg. 0,54. Pièce signée. — Deux grands rectangles laqués noir, formant couverture de livres, décorés du blason d'un Tokougawa, d'éventails et de fleurs.

129. Grand plat creux circulaire, laqué noir, de 0,56 de diamètre, décoré de divinités diverses sur dragon, tigre, oie, en tons polychromes minutieusement rehaussés d'ornements en or ; dessous entièrement noir gravé d'imbrications de vagues. Signature.

130. Coffret rectangulaire laqué noir, de 0,21 de long, 0,135 de large et 0,11 de haut., décoré en or d'armoiries et de rinceaux stylisés ; fermoirs et garnitures en bronze gravé. Intérieur garni d'étoffe ; cours d'eau avec fleurs d'érable.

131. Cantine en laque aventuriné et décors en or en relief, formée d'un encadrement ajouré renfermant deux flacons en métal, un tiroir, une boîte à quatre compartiments et un plateau. Décoration de paysages à rochers en relief et bandes de mouettes, de filets de pêcheurs et d'éventails. Haut. 0,27, larg. 0,28, profond. 0,18. Le tout contenu dans une boîte.

132. UN DIABLE pèlerin, debout sur socle. Il a les mains à quatre doigts, les pieds à trois griffes et porte devant et sur ses épaules des attributs. Bois sculpté. Belle pièce entièrement laquée polychrome. Haut. 0,395.

133. UN LOT de 8 cannes et bambous, dont deux pièces intéressantes : canne en bois noueux incrustée d'un serpent en nacre rampant vers une tête de mort en ivoire, et l'autre, bambou creux, dit « canne à saké », gravée de Sennines. — Une canne gravée, un stick en corne, et autres.

134. VANNERIE. Six paniers de formes différentes

# PIERRES
# MARBRES ET MATIÈRES PRÉCIEUSES

## CORÉE

135. Bouddha accroupi, les jambes repliées, la plante des pieds en dessus; les bras tombant, la main gauche paume en dessus, la droite posée sur la jambe droite. Il a les cheveux frisés et l'urnâ au front. Granit. Haut. 0,375.
— Deux divinités en pierre tendre, agenouillées (brisées à la tête). Haut. environ 0,16.

136. Coffret rectangulaire, en marbre noir, couvercle gravé de caractères en métal. Long. 0,137, haut. 0,72.

137. Coffret rectangulaire, marbre vert à deux compartiments intérieurs. Long. 0,175, haut. 0,114.

138. Coffret rectangulaire, même disposition, en marbre tacheté. Long. 0,158, haut. 0,114.

139. Pitong cylindrique, marbre gravé d'attributs et fleurs. Haut. 0,138, diam. 0,125. — Une boîte rectangulaire en marbre, genre onyx, incrusté du double caractère du bonheur conjugal. Long. 0,13, larg. 0,093, haut. 0,095.

140. Deux cubes verticaux, en marbres de couleurs, finement sculptés aux sommets de deux dragons et perles dans les nuages.

141. Cube évidé vertical et socle d'un seul morceau en marbre de couleur. Haut. 0,13, larg. 0,096.

142. Grande agrafe, jade blanc bleuté, ovale, de 0,09 sur 0,075, monture bronze doré, ajourée, ciselée d'un grand oiseau volant parmi les branches de lotus.

143. Chatte et son petit, jade, socle bois.

144. Agrafe de ceinture, en ambre, formée d'un fouillis de fleurs. Long.

0,057. — Cube aventurine, surmonté d'une chimère assise. — Petite breloque coquillage cristal de roche. — Bouton de mandarin, jade blanc ciselé d'un phénix fantastique ajouré.

145. COLLIER en cristal de roche, formé d'une boule sphérique aplatie, de 0,29 de diamètre ; de 42 olives de 0,22 de long, et de 47 perles. Long. 1,23 environ.

146. BOUCLE de ceinture en jade blanc, en forme de vase aplati, long. 0,04, et deux anneaux en ambre à forme de couronne.

**Nécessaires de table se composant du couteau et des deux baguettes pour manger le riz. Objets que les dames coréennes portaient accrochés au corsage.**

147. Nécessaire à manche en malachite, fourreau en écaille, garniture en argent. Long. 0,095.

148. NÉCESSAIRE, manche cornaline, fourreau malachite, garniture dorée. Long. 0,11.

149. NÉCESSAIRE, manche corail rose, fourreau malachite, garniture. Long. 0,129.

150. NÉCESSAIRE, manche aventurine et garniture, 0,13.

151. NÉCESSAIRE, manche jade, fourreau écaille. Long. 0,124.

152. NÉCESSAIRE de table, manche et fourreau jade. Long. 0,217.

153. NÉCESSAIRE de table, manche agate, fourreau jade blanc finement ajouré de fleurs et feuillages. Long. 0,193.

154. NÉCESSAIRE de table, manche et fourreau en bronze doré, ciselé. Long. 0,14.

155-157. NÉCESSAIRES à gaines en bois brun très finement ciselé, garnis en métaux. Trois pièces, d'un travail charmant.

158. NÉCESSAIRE à gaine en bois noir, garniture métal.

159. NÉCESSAIRE contenant seulement un couteau, garniture métal.

## CHINE

160. PRESSE-PAPIER en marbre carré de 0,067 et 0,08 de côté, gravé dessus en relief du dieu de la littérature.

161. LARDITE fine et adoucie. Couvercle carré de 0,072 de large, gravé en

creux. D'un côté, une inscription : « Disque de jade d'un pied (de diamètre), joyau de grand prix ». De l'autre côté, un squelette, sans doute le symbole du temps qui passe. Contraste entre la mort et les richesses.

Allusion probable à cette parole de Houaï Nan tseu : L'homme saint n'estime pas un disque de jade d'un pied, mais il estime un pouce de temps (un court instant). — Autre citation tirée du *Péi wén yun foû* : « Les êtres estiment un disque de jade d'un pied, tandis que j'estime un pouce de temps. »

Les *pi,* ou disques de jade, que les vicomtes et barons recevaient des anciens empereurs de Chine, au temps de la féodalité, comme insigne de leur investiture, n'avaient que 5 pouces de diamètre (*Tseu houei*).

162. PANNEAU RECTANGULAIRE D'ARDOISE, gravé en haut relief aplati : mandarin et serviteur. Long. 0,152.

163. DEUX DISQUES minuscules en bronze : divinités tibétaines en haut relief : l'une accroupie, l'autre à plusieurs bras enlaçant sa Çakti.

Ces deux disques sont incrustés dans des morceaux de jade de formes différentes.

164. BONBONNIÈRE rectangulaire aplatie, en jade blanc, à deux compartiments à l'intérieur desquels se voient en fort relief trois animaux fantastiques. Couvercle gravé : éléphant et paysage. Long. 0,081, épais. 0,022.

165. MANCHE de chasse-mouches rituel de Dalaï Lama ; jade blanc, monture bronze doré gravé et corne noire gravée d'ornements cloisonnés en or. Long. 0,36.

166. CHASSE-MOUCHES complet : manche en fils d'argent tressé et queue de Yack.

167. CINQ HAMPES de pinceaux et leur étuis en cristal de roche (un étui est cassé). Long. 0,23.

168. CINQ PIÈCES. — Deux boucles de ceinture formées d'olives améthystes à monture bronze ciselé. — Une petite boucle, rectangle minuscule en jade blanc, monture bronze. — Un coulant aventurine, gravé de deux caractères. — Une pièce formant boîte minuscule à base en malachite, panse bronze rouge et couvercle en pierre bleu noir.

169. UN LOT DE JETONS en nacre, gravés, circulaires et rectangulaires, travail de Canton.

170. DAME NUE, couchée, la tête appuyée sur la main gauche. Style des Ming. Ivoire. Long. 0,15.

171. AUTRE DAME, ivoire, même pose, dans sa gaine, 0,155.

172. PITONG cylindrique, ivoire, gravé en creux, scène légendaire. Haut. 0,105, diam. 0,07.

173. Une bonbonnière minuscule, circulaire, gravée de dragons. Ivoire. — Un étui en ivoire, avec couvercle finement sculpté.

174. Six pièces minuscules, ivoire. — Quatre appliques. — Une autre ciselée : scène maternelle. — Tengou et poisson.

175. Six panneaux rectangulaires à coulisses, sujets d'intérieur en pierre de lard très finement travaillée comme sculpture, gravure et polychromie. Chaque panneau, en soulevant la coulisse, montre un sujet galant. 0,24 sur 0,19.

## JAPON

176. Sphère de 0,09 de diamètre en marbre de couleurs, se posant sur un socle en marbre blanc formé de deux carrés superposés. Haut. totale 0,113.

# OBJETS DIVERS

177. Trois boutons netzkés japonais, formés de plaques métalliques maintenues dans des montures en ivoire. Pièces signées.

178. Netzkés japonais. Pièces minuscules. — Souris se grattant l'oreille, par Massanao. — Squelette grimpant sur le sommet d'un crâne. — Singe se grattant. — Dharma féminine accroupie à visage ivoire (sexe visible). — Danseur de Nô à visage ivoire et à langue mobile. — Melon minuscule duquel sort une souris.

179. Netzkés chinois, minuscules : Une paire de chaussures. — Une noix naturelle. — Une noix finement ajourée et ciselée de scènes légendaires. — Singe, bois.

180. Deux pièces minuscules en bois. Philémon et Baucis japonais, costumés en étoffes.

181. Poche à tabac, en bambou tressé à charnières et fermoir avec okimono en écaille et deux coulants. Japon.

182. Cinq peignes : Deux coréens, en bois, dont un avec incrustations en ivoire. — Deux chinois, allongés, en bois. — Un japonais, très allongé, laqué rouge, à décors en or légèrement pavé de paillons.

183. Un étui, ivoire aplati, gravé en creux et polychrome, formant porte-tablettes-souvenirs ; ciselé d'une robuste Japonaise debout appuyant le pied sur la longe d'un cheval indompté. 0,095 sur 0,06.

184. Deux minuscules pièces en laque noire. — Une théière et un baquet noir et or. Japon.

185. Quatre petits accessoires de ceinture finement cloisonnés réchampis d'émail noir incrusté de brisures de malachites, d'émail bleu et d'un ton rouge mat dans les fonds. Chine.

186. Trois pièces minuscules en bronze de Chine. — Breloque-reliquaire bouddhique, boule formée de deux hémisphères. — Un petit chauffe-mains — Petit vase en bronze jaune à gravure et ciselure. — Une bague indienne à cabochon en cristal de roche.

187. Deux GLOBULES pour chapeaux de mandarin. Un en bronze, l'autre en verre bleu, avec monture émaillée et une aigrette en plumes de paon. Chine.

188. Deux MANCHES de kodzuka japonais. Un en bronze jaune. Un autre en shibuitshi. Japon.

189. Deux FOURREAUX et poignées, en bois de deux tons finement gravés et ciselés de fleurs et d'ornements stylisés, formant légers reliefs, garniture ivoire. Chine. Long. 0,325 et 0,392.

190. Trois NÉCESSAIRES de table portatifs : Un à double fourreau mi-ivoire, mi-galuchat, à garniture en métal repoussé doré ; grand couteau à manche ivoire vert et trois grandes baguettes ivoire. Les parties en ivoire sont gravées. Long. 0,30. — Un second à manche et fourreau en ivoire gravé de décors fleuris réservés en blanc et vert, garnitures bronze ; grand couteau manche ivoire, deux baguettes à riz et cure-dents. Long. 0,275. — Un troisième formé d'un couteau-épée à fourreau de galuchat, poignée ivoire teinté à garnitures en bronze ciselé. Long. 0,28. Chine.

192. Cinq BATONS d'encre. — Quatre, coréens, gravés de paysages à tons polychromes. — Un, chinois, finement gravé d'une divinité ; légende à la face et poésie au verso (signature sur un côté). Long. du plus grand 0,09.

193. Un PENDENTIF-BRELOQUE, formé de fruits stylisés en argent (sans garniture). Corée. — Une grande ceinture en argent massif, formée de quinze médaillons ovales ciselés de motifs différents d'oiseaux et de fleurs reliés entre eux par des chainettes. Chine.

194. Deux PIÈCES CHINOISES. — Un étui sculpté d'un arbre. — Pendentif ivoire vert ajouré. — Un miroir de poche en corne peinte. Corée.

195. Un MOULIN à prières : cylindre pivotant sur un axe vertical monté sur un manche. Chine. — Deux chapelets bouddhiques en bois. Chine.

196. Trois CUILLÈRES en bronze, trouvées dans des fouilles. Corée. Époque des Song.

197. Six PIÈCES : Une applique de suspension, formée d'un papillon minuscule. — Une couronne minuscule bronze. — Un nécessaire de toilette. Breloque (Corée). — Double pince (bruxelles) avec bouton de corail. — Une cisaille en fer niellé argent, pour couper le tabac ou la noix d'arec. — Un porte-briquet en fer et cuivre. Chine.

198. Deux ŒUFS d'autruche, laqués en or d'oiseaux et de fleurs ; 0,16 de haut. Socles à quatre pieds laque noire et or. Japon.

199. Cinq PIÈCES : Deux tabatières. — Un disque minuscule en bois gravé : animal pilant du riz. — Une griffe de tigre, monture argent doré. — Un chat minuscule, jade blanc. Chine.

200. TRENTE-HUIT GRELOTS minuscules en métal blanc. Japon. — Sept pièces : Trois boîtes à opium, ovales. — Deux boîtes rondes. — Un coulant de ceinture. — Un cachet surmonté d'un lion. Chine.

201. PENDULE JAPONAISE de forme cubique, en bronze doré, entièrement gravé, de 0,12 de haut. Boîte spéciale en laque rouge.

202. ONZE MINUSCULES PORTE-MIROIRS OU PORTE-MENUS en bronze doré ajouré et ciselé de motifs différents. Haut. 0,08. Chine.

203. MIROIR de style arabe à enluminure, recouvert d'un verre (pièce venant de Canton).

204. BELLE POUPÉE habillée, de 0,39 de haut. Japon.

205. UN ÉTUI A PIPE, en bois noir orné, en fort relief, en argent ciselé à rehauts d'or, d'un Dharma, debout sur une branche de roseau, traversant la nuit le Yang-tseu. Petite pipette à l'intérieur. Japon.

206. DEUX PIPES à opium, tubes en ivoire tourné et trois foyers en boccaro. Chine.

207. QUATRE PIPES à tabac, en métaux divers, dont une, dite de voyage, se rentrant et se mettant dans la poche. Chine.

208. TUYAU DE PIPETTE en argent. Chine.

209. DIX PIPES en métal. Huit coréennes à longs manches. Une sans tuyau et une pipe chinoise.

210. SALLE A MANGER de poupée, composée d'un minuscule service de table en étain, formé de six pièces avec couvercles et un chandelier, plus un plateau et un brasero en cuivre. Le tout présenté sur une table avec deux chaises et deux bancs de bois. Chine.

211. TROIS JOLIES STATUETTES, artistement sculptées, bois laqué en ton naturel. Vêtues à la mode de l'époque de Genrokou (1688-1703), elles représentent une Oïran (courtisane de la première classe) se promenant dans une rue du Yoshiwara à Yédo, accompagnée de sa petite Kamouro (servante) et de son Yakko (domestique portant une haute et large ombrelle). Les vêtements sont en partie tissés d'or. Ces trois statuettes mobiles se fixent sur des plateaux en bois doré formant le terrain. Hauteurs des statuettes, 0,255, 0,24 et 0,165.

# ÉVENTAILS, ÉCRANS. PIÈCES DIVERSES

212, 213. Deux longs et larges écrans de forme demi-circulaire, à longs manches. Les feuilles, de 0,60 de large sur 0,50 de haut, sont rayonnées de lamelles de bambou doublées de feuilles de papier huilé décorées autour et au centre en laque noir mat d'animaux chimériques et de fleurs. Comme poignée, un long manche en bois laqué, décoré au sommet d'une incrustation de fleurs en nacre. Ces écrans se portaient derrière les nobles pour les abriter du soleil ou pour les éventer. Long. totale 0,97 (Corée).

214. 39 Écrans de formes diverses, en papier huilé sur membrure de bambou, décorés en couleurs. Corée.

215. Un grand éventail, peint de divinités bouddhiques. — Un autre, en gaze de soie, monture corne peinte, panaches bambou sculpté, ornements dorés. — Deux en papier huilé. Corée.

216. 22 grands éventails, papier huilé, montures en bambou (Corée).

217. Cinq écrans indiens. — Un en bambou. — Deux en plumes de paon, à parties centrales en forme de cœur, en drap brodé et orné d'ailes de coléoptères. — Deux écrans à mains, en vétiver.

218. Six écrans a manches. Un, en plumes d'oiseaux de proie, manche corne et fils de cuivre. — Un second, en bambou peint, manche ivoire, soierie, papillon doré. — Un troisième, soie et ivoire. — Un quatrième en soie, finement peint : temple du ciel en grisaille. — Deux autres finement peints : Sujets champêtres et mythologiques. Chine.

219. Trois étuis de ceinture pour porter les éventails, soie finement brodée. Chine.

220. Trois éventails, papier noir, décorés de caractères or et argent, monture lamelles bambou. — Un second, papier peint : oiseau, fleurs, signature et cachet, monture finement sculptée. — Un troisième, soie peinte des deux côtés de scènes théâtrales, monture en bois, incrusté d'ivoire. Chine.

221. Un éventail, papier peint : classe enfantine où l'on voit un bambin tenant un scorpion avec des pinces qu'il approche de l'oreille du maître. Monture bambou. Chine.

222. Un autre, peint des deux côtés de scènes théâtrales ; d'un côté des artistes, dans leurs loges, se maquillant et le régisseur regardant sur la scène visible de l'autre côté où a lieu la représentation. Chine.

223. Un éventail, papier noir peint de bambous dorés. Poésie et cachet, pièce finement montée soie et ivoire.

224. Éventail, papier doré peint d'oiseaux et de bambous polychromes. Poésie au revers. Monture bambou.

225. Cinq éventails : un éventail imprimé. Plan de Pékin et carte du Monde. — Un, papier peint, paysage, avec thermomètre dans la monture. — Un troisième, papier, monture avec thermomètre. — Un quatrième, guerre russo-japonaise. — Un autre, à sujet militaire.

226. Chapeau militaire que portent les danseuses royales en Corée lorsqu'elles exécutent la danse des sabres.
Pièce en feutre avec ornements en forme de cigale et plumes de paon. Corée.
Voy. Bibliographie coréenne, tome I, p. 215 (note) et figures tomes I, p. xi et II, p. 538.

227. Souliers coréens, en fils de papier.

228. Souliers de femme tartare, en soie brodée, montés sur hauts talons.

229-230. Souliers de femme chinoise, soie brodée.

231. Deux tiares de prêtres bouddhistes ; soie brodée de bouddhas sur fond rouge et de caractères sanscrits, sur fond jaune. Chine.

232. Six pièces en soieries, jaune impérial : Une vieille boîte de 0,41 de long 0,55 de large, en soie jaune tissée renfermant deux panneaux brodés d'attributs. — Deux vieilles boîtes bonbonnières tissées, 0,10 de diam. — Deux pièces formant pelottes à double face brodée. — Une grande et large boîte en soie tissée 0,42 sur 0,29. Chine.

233. Six pièces en soies de différents tons. — Un portefeuille avec miroir acier. — Un porte-cartes. — Un porte-monnaie avec netzké et coulant. Japon. — Deux blagues à tabac (Corée). — Deux étuis minuscules pour tabatières. Chine. (Ce lot sera divisé.)

# ARMES ET ACCESSOIRES

## CORÉE

234. Un sabre, fourreau en galuchat, garde en métal noir gravé et niellé d'oiseaux en or. Corée.

235. Un sabre, fourreau galuchat, garde dorée, ciselée d'animaux. Corée.

236. Deux sabres, fourreaux bambou gravés, dragons, chèvres, éléphants et ornements, garniture bronze doré. Corée.

237. Sabre à fourreau annelé, poignée style européen. Corée.

238. Deux étuis à flèches, se portant sur le dos, en bambou gravé de svastikas, de signes de longévité, d'inscriptions et de blasons ; garnitures en cuivre. Corée.

239. Deux pistolets en fer à triples canons (très vieilles pièces). Corée.

240. Hache préhistorique, en silex. Corée.

241. Poire à poudre en bois, en forme de tortue. — Autre petite poire à poudre circulaire. — Corne de chevreuil pour amorcer le fusil, ornée d'ivoire et de bronze. L'orifice est, à l'extrémité, fermé par une rondelle d'ivoire qui forme ressort et permet à quelques grains de poudre de tomber dans le bassinet, lorsque le pouce exerce une pression. Corée.

## CHINE

242. Carquois, en cuir de Cordoue, orné de chrysanthèmes en bronze doré avec cabochons de malachite et huit flèches à parties gravées. — Porte-arc en cuir de Cordoue. — Ceinturon soie à ornements en bronze doré. — Grand arc en corne, gravé de caractères et d'ornements. — Deux anneaux de pouce pour tendre la corde. — Chine.

243. Trois carquois, cuir de Cordoue, avec bronze ciselé et doré. — Un carquois en cuir noir avec émaux cloisonnés de l'époque des Ming.

244. Kriss malais à lame flamboyante gravée, et fourreau garni de bronze gravé.

244 *bis*. Poignard indien, à manche en corne gravée, lame gravée et dorée, fourreau monture argent.

245. Deux masses d'armes, à poignées de bronze ciselé, dans leurs fourreaux. Chine.

246. Vieux fer de lance, trouvé dans un tombeau. Chine.

247. Fusil chinois à canon niellé. — Poire à plombs, en bois laqué, forme de carpe. — Poire à poudre, en forme de cyprin.

248. Matraque en bois.

## JAPON

249. Grande lame montée dans un fourreau de bois. Elle porte, gravé sur la fusée: Naotsugu, établi à Aoyé, province de Bichu, pendant l'ère Ryaku-o (1338-1341). Étui en soie tissée.

250. Grand sabre à poignée, garde et garnitures en métal oxydé; fourreau aventuriné, décor en laque d'or; sur la fusée est gravé: Fujiwara Kuniyoshi a fait. — A la poignée se voit un bouton en bronze ciselé et doré aux armes du Tozama Daïmio Shinjo (xvii$^e$-xviii$^e$). Dragonne et ceinturon.

251. Sabre à fourreau peau de requin, à poignée annelée horizontalement: fusée gravée avec inscription: *Fujiwara Kiyomitsu* a fait. — Le Kodzuka et le Kogaï sont signés (xvi$^e$ siècle).

252. Petit sabre dont la poignée et le fourreau imitent le vieux bois rongé. On y voit en haut relief un myriapode, un escargot, une couleuvre, des pommes de pin, une araignée, en métaux divers. Cigale au pommeau; extrémité bambou. Lame gravée: Mori nobu hidé. — Kodzuka, garde et anneau signés. Japon.

253. Grand et petit sabre, à poignées garnies de ganses; fourreaux laque brun. — Une garde est ciselée de l'école des Goto.

254. Lame de sabre, en un fourreau de bois.
Reproduction d'une ancienne lame datée de la 26$^e$ année de Meïji.

255. Armes préhistoriques en silex. Pointes de flèches, pointes de lances et hache.

256. Beau sabre, minuscule, en métaux divers. Jolie pièce établie pour la « fête des garçons ».

257. Selle complète, avec bride et mors, laquée noir et aventurine, décorée de grandes grues en laque d'or en relief, posée sur un chevalet en bois. Les étriers portent ajouré un blason à cinq feuilles des familles Wakigata, Toki, Nemura. Les accessoires sont en cuir.

# INSTRUMENTS DE MUSIQUE

258. TSUTSUMI-TAMBOUR, forme sablier, laqué noir, garnitures ganses. Haut. 0,26, diam. 0,20. Japon.

259. CINQ INSTRUMENTS de musique ; Shamisen, koto, biwa et autres, dans une vitrine de 0,19 sur 0,10 sur 0,027. Japon.

260. GRANDE CONQUE marine, avec embouchure en bronze, gravée de fleurs à cinq pétales. Aux armes des Matsudaira. Long. 0,41. Japon.

261. CASTAGNETTES en bois (*P'ai-pan*), formées de trois pièces de bois rouge reliées ensemble et usitées au théâtre, dans les funérailles et les cérémonies bouddhiques, décorées d'ornements genre émail cloisonné. Long. 0,39. Chine.

262. QUATRE SIFFLETS pour pigeons, provenant de Pékin où on les appelle généralement *Hou-lou* (gourdes) : faits avec de petites courges séchées et vidées, garnis d'un ou plusieurs tubes à l'extrémité et munis au-dessous d'une ouverture dans laquelle on introduit un fil qui fixe l'appareil aux deux plumes placées au milieu de la queue du pigeon. Quand celui-ci vole, le vent, en pénétrant dans les tubes, produit un son doux et plaintif qui éloigne les oiseaux de proie. Chine.

263. GOUMBRI, guitare marocaine à deux clefs en bois naturel et peau, gravée en creux de rosaces inscrites dans des cercles. Inscription : Mohammed ben Mohammed a fabriqué ce goumbri au nom de Dieu le clément, le miséricordieux. Annonce la joie s'il plaît à Dieu. Il n'y a de force et de puissance qu'en Dieu le sublime. Dis : au nom de Dieu, et j'ai mis en lui ma confiance.

# ÉTOFFES

## CORÉE

264. Longue tenture (oriflamme de temple) terminée triangulairement au sommet (de 2,26 sur 0,80). Au centre, sur fond rouge passé, broderies de grands caractères ; au haut et à la base, broderie à bandes bleues damassées sur les côtés.

265. Tapis à offrandes de 0,92 sur 0,80 en soies polychromes. Au centre, en rose broché, broderie de phénix et d'autres oiseaux au milieu de fleurs, de lotus. Bordure verte brochée, brodée d'oiseaux, fleurs et chauves-souris. Tapis rembourré et doublé de soie rouge.

266. Un grand panneau. Tapis à offrandes de 0,93 de large et 0,81 de haut, en soie brochée, brodée et rembourrée. A la partie centrale de 0,655 de large et 0,53 de haut se voit, sur fond vieux rose broché, une fine broderie en tons polychromes de tiges de nénuphars et d'autres fleurs, au milieu desquelles volent des oiseaux fantastiques, nagent des canards et se reposent des grues debout les pattes dans l'eau. Entourage de même travail, sur fond vert de 0,14 de large, fleurs, oiseaux et chauves-souris. Doublure rouge cerise.

267. Panneau formé d'un tapis à offrandes de 1,14 sur 0,59 à fond rouge tissé en fils d'or des attributs bouddhiques enrubannés et à bordure verte damassée. Il est orné (en morceaux de draps polychromes rapportés) de caractères, d'ornements stylisés, de grecques et de perles sacrées. Doublure bleue damassée d'attributs.

268. Tapis à offrandes, 69 sur 62, entièrement tissé soies polychromes et or sur rouge ; bordure verte tissée en or, rembourré, doublure soie damassée.

269. Huit hautes feuilles de paravent en soie blanche doublée, décorées en soie brodée du caractère Fou « bonheur » en 216 aspects différents. Haut. 1,20, larg. 0,40.

270. Kakémono, non monté, broderie d'oiseaux et de fleurs en tons doux sur soie crème. Long. 1,50, larg. 0,42.

271. GRAND KAKÉMONO, soie pâle, brodé d'arbre fleuri et d'oiseaux. Long. 1,42.

272. QUATRE PECTORAUX : rectangles de 0,17 sur 0,19 bleu foncé, brodés de grues, tigres, perles et nuages à tons vifs.

273. HUIT PECTORAUX, dont deux rectangles de 0,225 sur 0,25 et six rectangles de 0,21 sur 0,225 brodés, sur fond foncé, en tons polychromes adoucis : grues, champignons, tigres, perles et nuages.

274. TROIS PIÈCES de soie brune.

275. TROIS LONGUES BANDES de soie de 16,90 environ sur 0,35 de large. Une vert foncé à reflets bronzés et deux couleur prune.

276. PARASOL HONORIFIQUE coréen à fond rose, à rubans flottant, polychrome.

# CHINE

277. PANNEAU en brocard jaune et or, appliqué de deux dragons impériaux, entourant le caractère *cheou* « longévité ». De chaque côté, deux bandes ton prune, brodées de caractères archaïques de longévité. Larg. 0,87 sur 0,47.

278. PANNEAU (k'o-sseu), soie finement tissée en tons doux, représentant Lao tseu sur son cerf, accompagné d'un enfant. Long, 1,20, larg. 0,60.

279. GRAND PANNEAU ancien, en vieille broderie représentant demi-nature Lao tseu sur son bœuf. Broderie à tons neutres. Poésie au sommet, inscription à la main. Haut. 1,60, larg. 0,97.

280. DEUX PANNEAUX soie verte à reflets gorge de pigeon, tissés de fleurs de différents tons.

281. PANNEAU CARRÉ de 1,35 sur 0,87, rose, tissé de sujets d'enfants.

282. PANNEAU CRÊPE tissé vert foncé, grandes fleurettes stylisées, 1,30 sur 1,65.

283. VINGT BANDES étroites tissées et brodées, formant environ deux cents mètres de 0,10 de large en moyenne.

284. TROIS FRAGMENTS de robes prune, décor de dragons en or.

285. GRAND PANNEAU vert neutre de 2 mètres sur 1,40 tissé en tons éteints de fleurettes polychromes sur fond de grecques.

286. BANDE VERTE de 1,60 sur 0,70 finement tissée d'un semis de fleurettes polychromes.

287. Très grande tenture, 2,60 sur 2,10, soie de tons brun et vert foncé, tissée de fleurs stylisées et de zones.

288. Devant de table, formé d'un panneau rouge brique tissé d'un grand dragon, perle et nuages, avec en haut un lambrequin. Pièce d'aspect égyptien, de 0,92 sur 0,82.

289. Robe sans manche, rouge brique, tissée de grands dragons et attributs, doublure rouge brochée.

290. Tenture, 1,88 sur 2 mètres, tissée de bandes verticales bleues et grises, de caractères, de nuages.

291. Portière rose éteint, de 1,36 sur 2,40, tissée, en haut, d'oiseaux, et en bas, d'enfants.

292. Portière même ton, même dimension.

293. Longue frise de 2,10 environ, sur 0,24 et franges vertes 0,15 ; jaune brodé de dragons, fleurs, perles, nuages et vagues.

294. Longue frise de 2,10, même genre de travail.

295. Bande de 1,57, blanc et bleu, brodée en ton bleu dégradé.

296. Grande tenture, gaze gris-bleu, brodée de semis de fleurs, polychrome.

297. Deux jupons de danseuses ; fond rouge avec pendeloques brodées de fleurs ; franges.

298. Robe de mandarin, gaze jaune havane, brodée de dragons en or et attributs.

299. Bande, en bleu à deux tons, 1,60 sur 0,35, brodée papillons et bouquets de fleurs.

300. Un devant de table de 1 mètre sur 0,90 et deux dessus de chaises de 1,58 sur 0,65, en soie brune brodée de cigognes et de fleurs.

301. Longue bande, bleu foncé, brodée en bleu dégradé de fleurs et d'oiseaux. 3 mètres sur 0,40.

302. Robe, bleu foncé, non découpée, formant tenture de 2,10 sur 0,87, brodée fleurs et oiseaux.

303. Robe, violet foncé, à pectoraux et épaulières brodés en or et argent de dragons et attributs, boutons bronze doré.

304. Robe, bleu foncé, brodée en bleu dégradé de fleurettes, manches brodées à l'intérieur.

305. Portière, formée de deux panneaux de 2,20 sur 0,84 chaque, en crêpe de Chine rouge et lambrequin vert avec franges.

306. GRANDE TENTURE de 1,30 sur 2,20, fond cerise, brodée en bleu de deux tons de grandes fleurs et papillons. Bordure rouge frangée autour.

307. DEUX PECTORAUX, formés de deux disques de 0,295 de diam., fond bleu foncé, brodé de dragons impériaux en or et de perles et nuages rehaussés d'or. — Un troisième de 0,31 de diam., même broderie.

308. DEUX PECTORAUX, de 0,31, brodés en camaïeu bleu, d'oiseaux, chauves-souris, attributs, fleurs.

309. DEUX PECTORAUX, un de 0,31 sur 0,325, bleu foncé, brodé d'oiseaux, fleurs, rochers, grecques, rehauts d'or. — L'autre de 0,335 sur 0,325, même genre de broderie.

310. UN PECTORAL carré de 0,33 de côté fond tissé en or, brodé au centre d'une grande grue blanche volant, disposée circulairement.

311. DEUX PATRONS de robes en papier, décorés de deux pectoraux en tons polychromes imitant la soie, dragons impériaux, perles, attributs, nuages inscrits dans un disque. Diam. (chaque pectoral) 0,31.

312. DEUX FRAGMENTS de robes en bleu foncé, brodés de fleurs.

313. BANDE de 1,77 sur 0,48 prune, tissée de dragons, perles, nuages en or.

314. UNE BANDE brune, brodée de fleurs. — Une bande blanche brodée fleurs et papillons et deux morceaux bleus.

315. DEUX PETITES BANDES vertes, brodées. — Deux petites bandes jaunes en crêpe, brodées. — Deux manches blanches à papillons de couleurs. — Un petit carré crêpe rouge à fleurs.

316. SIX GARNITURES de manches en velours frappé, fleurs rouges sur fond bleu.

317. DEUX BANDES de 0,80 sur 0,32, fond rose éteint, fleurs bleutées et franges autour.

318. BANDE de 1,70 sur 0,33, fond prune, brodée de fleurs.

319. DEUX LONGUES BANDES, en drap rouge brodé de caractères et fleurs, de 0,40 sur 2,90, avec une inscription proclamant les louanges d'un personnage.

320. GRAND PANNEAU rouge en drap brodé, fleurs et oiseaux, 2,20 sur 1,90.

321. TENTURE en drap rouge, 2,50 sur 1,80, brodée de fleurs et de grecques.

322. TENTURE de 2 sur 1,20, brune, brodée fleurs et papillons.

323. TENTURE en drap rouge, 1,80 sur 2,35, brodée fleurs, papillons, grecques.

324. PIÈCE DE SOIE bleue, avec médaillons de dragons, environ 12 sur 0,76.

325. Pièce de soie havane clair, avec prunier, bambou.

326. Pièce de soie brune, env. 12,90 sur 0,76.

327. Pièce de soie verte, avec caractères, mêmes dimensions.

328. Pièce de soie rose et envers vert, mêmes dimensions.

Les pièces 324, 326, 327, 328 doivent avoir la même longueur, le n° 325 est moins long.

## JAPON

329. Dessus de cheminée de 1,52 sur 0,31, soie fond rouge passé avec glands, tissé de chrysanthèmes, pivoines, grues en polychrome.

330. Panneau de 0,69 sur 0,465, jaune d'or, tissé de zones de dragons et de pivoines.

331. Panneau de 0,69 sur 0,67, rose tissé de zones de grues, chrysanthèmes, pivoines et hortensias.

332. Robe, bleu foncé, tissée de zones de fleurs et d'ornements en bleu clair, gris et jaune d'or.

333. Robe de ton gris, brodée en tons clairs de grues héraldiques affrontées et de grosses fleurs, ceinture étroite. Même travail.

334. Panneau de 0,87 sur 0,66, brun, tissé en or de feuilles et brindilles en forme de rinceaux.

335. Bande en hauteur de 1,52 sur 0,32, tissée en rose rouge et or, réserves de grands oiseaux et pivoines polychromes.

336. Bande en hauteur, de 1,57 sur 0,30, havane neutre, tissée et brodée de fleurs, chrysanthèmes et autres.

337. Une longue bande de 3,57 sur 0,365, en bleu foncé, tissé de nombreuses tortues marines minuscules bleues, vertes et jaune d'or sur fond quadrillé.

338. Panneau de 0,69 sur 0,67, rose, tissé de zones de grandes grues et de grands papillons.

339. Long panneau de 1,48 sur 0,28, vert et bleu, tissé de fleurs stylisées en or.

340. Grand panneau bleu foncé, de 2 mètres de haut sur 1,30 de largeur, brodé de singes grandeur nature sur vieux pin. Cette tenture a son encadrement en bambou.

341. Grand panneau de 2 sur 1,44, fond gris pâle à bordure jaunâtre, brodé de faisans et arbres fleuris.

342. Une pièce de soie à carreaux violets et jaunes.

343. Frise de temple, 5,20 sur 0,60, soie bleu foncé, tissée de grands dragons et applications de svastika en soie blanche.

344. Deux albums contenant de nombreux échantillons de soies polychromes tissées.

345. Un album d'impressions en couleurs représentant des échantillons de soies du Trésor de Nara.

346. Quatre cordelières en soie, rouge foncé. — Six longs glands de soie de diverses couleurs.

346 bis. Deux feuilles de paravents, peintes et brodées d'oiseaux et plantes, de 0,91 sur 0,34. — Une monture, avec bouts, en soie tissée.

346 ter. Kakémono en tulle, brodé de grandes grues et prunier; entourage de sujets brodés en or. Long. 1,44 sur 0,295.

# INFLUENCE DE L'EUROPE EN CHINE

A l'exception des numéros 381 à 385 et 393,, les objets qui suivent sont tous de fabrication européenne et ont été importés en Chine aux xvii⁰ et xviii⁰ siècles.

347. BONBONNIÈRE de forme ovale, en métal doré, ciselé de fleurettes et d'ornements Louis XV. Long. 0,065, haut. 0,036.

348. UNE BONBONNIÈRE ovale longue, en cuivre rouge, gravée de sujets hollandais dessus et dessous, avec inscriptions; zones et feuilles autour. Long. 0,133, épais. 0,035.

349. BONBONNIÈRE ovale, de 0,085 sur 0,035, à couvercle ciselé, ajouré de neuf ovales dans lesquels sont serties neuf agates de mêmes formes visibles des deux côtés. Long. 0, 075, épais. 0,03.

350. BONBONNIÈRE ovale, en métal doré gravé, à couvercle ciselé, orné en forts reliefs de fleurettes et de rubans enrichis de pierreries polychromes. Long. 0,08, épais. 0,025.

351. BONBONNIÈRE à couvercle argent ancien, ornée en hauts reliefs de grues, fleurs et zones d'ornements rehaussés d'émaux translucides. Le dessous est émaillé vert constellé d'étoiles. Diam. 0,05, épais. 0,025.

352. BONBONNIÈRE aventurine, montée métal doré, ciselé, de forme octogone irrégulière ; couvercle à neuf compartiments en aventurine dessus et autour. Long. 0,06, épais. 0,02.

353. BONBONNIÈRE rectangulaire, entièrement en agate cerclée. Long. 0,05, épais. 0,026.

354. TROIS TABATIÈRES ovales, en écaille brune. Long. 0,07 à 0,075.

355. DEUX BONBONNIÈRES ovales, en agate fleurie, garnies d'une glace au-dessous du couvercle qui est enrichi d'une plaque entourée de grenats. Long. 0,068, épais. 0,025.

356. BONBONNIÈRE contournée Louis XV, couvercle et dessous en jaspe sanguin serti en argent autrefois doré. Long. 0,065, épais. 0,015.

357. BONBONNIÈRE en écaille, circulaire, de 0,06 de diamètre, monture dorée. Sur le couvercle au sommet manque la plaquette. Épais. 0,025.

358. BONBONNIÈRE, octogone irrégulier aplati; le couvercle en pierre noire très finement gravé d'un paysage européen avec personnages d'époque Louis XV. Long. 0,07, épais. 0,016.

359. BONBONNIÈRE ÉCAILLE, monture dorée, rectangulaire, à pans coupés formant octogone irrégulier. Couvercle bombé gravé du caractère du bonheur conjugal. Long. 0,07, épaiss. 0,042.

360. BONBONNIÈRE plate, ovale, en cuivre doré émaillé en blanc, décorée d'un personnage européen se défendant contre deux lutteurs presque nus.

361. COUVERCLE de bonbonnière, rectangulaire, en émail peint d'un parc européen avec personnages. Long. 0,073.

362. BOITIER de montre Louis XV, en argent doré, ciselé et enrichi, en pierreries polychromes en fort relief, d'une couronne de comte de laquelle s'élèvent des branches fleuries; entourage du cadran en pierreries polychromes.

363. DEUX FONDS DE BOITIERS de montres, de 0,035, en émaux polychromes très finement peints de sujets badins : un moine et un seigneur lutinant chacun une jolie femme. Costumes d'époque Louis XV.

364. DISQUE de 0,59 de diamètre, représentant Catherine de Russie en costume de cour, avec manteau d'hermine et grand cordon. Au dos, n° 7109 ou 7509. Émail.

365. BOUCLE DE CEINTURE ovale en bronze ciselé doré, orné d'un émail peint d'un sujet européen entouré de pierreries. Long. 0,05.

366. BOUCLE DE CEINTURE en cuivre, sertie d'un tour en bronze ciselé; décorée en polychrome d'un sujet féminin de style Louis XIV.

367. MIROIR minuscule circulaire à deux faces, l'une avec glace et l'autre en émail peint de sujets européens.

368. UN MIROIR minuscule de 0,085 sur 0,058, à double glace. Une face recouverte d'une feuille d'ivoire ajourée et peinte d'un buste de Hollandaise.

369. MIROIR A MAIN à deux faces. Entourage eu bronze ciselé de grecques et orné de grenats; poignée en agate reliée au disque par un motif de bronze ajouré et ciselé. Vieille pièce.

370. CINQ BOUTONS de différentes formes, en bronze, dont quatre enrichis de pierreries polychromes et un en vieux travail champlevé réchampi d'émaux.

371. ÉTUI rectangulaire aplati, en nacre gravée de losanges fleuris; formant porte-tablettes-souvenirs. Long. 0,10, larg. 0,08.

372. NÉCESSAIRE PORTATIF de dame, en métal doré, enrichi de pierres de cou-

leurs ; il a la forme d'un vase à couvercle, ciselé de médaillons Louis XVI et garni intérieurement de sept ustensiles minuscules : ciseaux, tire-bouchon, couteau, pinces, cure-dents, cure-oreilles, et d'une lame triangulaire. Au sommet manque l'agrafe. Long. 0,091.

373. Nécessaire portatif de dame, métal doré, formé d'un vase couvert gravé ; à l'intérieur : ciseaux, tablettes ivoire, cure-dents et fourchette ; chaînette et agrafe. Long. 0,10 env.

374. Un éventail de fillette, en tulle, orné d'une huppe, et de feuillages pailletés acier, monture écaille blonde. Long. du panache, 0,165.

375. Lorgnette de théâtre minuscule, en métal doré finement gravé. Long. 0,085.

376. Feuille d'éventail représentant une scène champêtre, animée de joueurs de flûte et de mandoline, en tons polychromes rehaussés d'or ; au dos, ornements et réserves en blanc.

377. Une Cérès en bronze, de 0,09 de haut. Elle est debout, couverte d'un manteau de fourrure, couronnée de pampres et tient à gauche un masque.

378. Jacquemart en bronze. Petit bonhomme hollandais à bras mobiles. Haut. 0,08.

379. Deux vieux chapelets à grains noirs avec médailles et croix. — Dix médailles diverses et une pièce en nacre aux armes d'un comte. Pièces recueillies à Pékin.

380. Quinze vieilles gravures de sainteté. Quelques-unes sur parchemin et enluminées. Pièces minuscules, rognées. — Six petites gravures de Callot.

381. Deux petits cachets en marbres formés de cubes surmontés d'Européens, avec un éléphant et un oiseau chimérique. — Personnage européen à cheval sur un animal.

382. Netzké ivoire, formé d'un Hollandais debout (pièce usée). Japon.

383. Européen, debout sur socle. Il a les cheveux noirs frisés et tient de la main gauche un petit vase. Ivoire. Haut. 0,09.

384. Européen agenouillé sur socle, maintenant un grand vase sur un genou. Pièce légèrement polychromée. Haut. 0,07.

385. Six petites appliques en ivoire : Européens apportant le tribut à l'Empereur de Chine.

386. Émail. Suite de l'école Limousine : 0,11 sur 0,09. Saint Mathieu, polychrome sur fond noir.

387. Émail. Suite de l'école Limousine : 0,11 sur 0,09. Saint François Xavier, polychrome sur fond noir.

388. Émail. Suite de l'école Limousine : 0,11 sur 0,09. Saint André, polychrome sur fond noir.

389. Émail. Suite de l'école Limousine : 0,11 sur 0,09. Invocation au Sacré-Cœur de Jésus, polychrome sur fond noir.

390. Émail. Suite de l'école Limousine : 0,11 sur 0,09. Invocation au Sacré-Cœur de Marie, polychrome sur fond noir.

391. Épée européenne, lame à gouttière, coquille gravée.

392. Socle rocaille Louis XV, blanc, à décor rose rehaussé d'or ; réserves de cartels en blanc, à décor polychrome : sujet bachique de Téniers et paysages hollandais. Pièce marquée d'une ancre en or, de la manufacture de Chelsea, trouvée à Pékin. Long. 0,24, larg. 0,21, haut. 0,145.

393. Vase en marbre blanc sculpté, forme balustre à deux anses, dragons dont les doubles queues sinueuses partent de chaque face et reposent sur des corps antérieurs d'oiseaux. Zones de fleurettes et d'oves. Travail chinois. Provient du Palais d'été. Haut. 0,28.

394. Deux assiettes plates blanches à décor bleu, genre Chantilly. Le marli est orné d'une vannerie. Décoration au centre d'œillets et d'insectes. Pièces provenant de Pékin.

394 bis. Grand flambeau à quatre lumières en métal blanc de 0,63 de haut., style européen. On y remarque trois aigles aux ailes éployées, trois pélicans, etc.

**Voir également les n°⁵ 406, 407, 408, 409, 526, 542, 543, 562, 593, 613 bis, 638, 639, 640, 654, 813, 814 et 846-847.**

# ÉMAUX CLOISONNÉS

## CHINE

395. Vieux brûle-parfums rectangulaire, émail cloisonné, à pieds droits, arêtes aux angles et aux faces, anses verticales avec couvercle ajouré, surmonté d'un chien de Fô, la patte posée sur une boule. Cette pièce est entièrement couverte d'un fond turquoise décoré en polychrome de masques de taot'ié, de petites chimères, de fleurettes, de grecques. Dessous décoré de fleurs stylisées. Chine. Fin xvii$^e$ siècle. Long. 0,15, larg. 0,125, haut. 0,125. Socle bois dur.

396. Chandelier-bougeoir, émail cloisonné, fond turquoise; décoré de cartels, de dragons, des huit attributs bouddhiques et de fleurettes stylisées. Chine. Commencement xviii$^e$ siècle. Haut. 0,07, diam. 0,105.

397. Petit plateau rond, émail cloisonné, fond turquoise, décoré de fleurettes et branchages stylisés en rouge, blanc, jaune, vert. Chine. Époque Ming. Diam. 0,125.

398, 399. Sept petites pièces en émail turquoise, décor polychrome. — Cinq plaquettes. — Un petit vase. — Un gros bouton de ceinture. Chine.

400. Plat en émail cloisonné, de 0,29 de diamètre, du genre Kien Long. Pièce intéressante comme technique en ce qu'elle montre un réchampissage d'émaux entre les cloisons formant les contours des dessins, en laissant à nu le fond de cuivre. Chine. Dessous entièrement doré.

## JAPON

401. Grande coupe creuse, en émail cloisonné, décorée à l'intérieur d'un fond blanc cloisonné d'ornements et de fleurettes, avec bordure rehaussée et, à l'extérieur, d'un fond turquoise à réserve de cartels en blanc décorés de fleurs d'or. Japon. Haut. 0,145, larg. 0,32.

402. Atelier d'Hirata Donin. Théière minuscule, à panse formée d'un disque fixé de champ sur base plate dont les extrémités se terminent en modillons. Décoration cloisonnée, en émaux cristallisés vert et bleu foncés et translucides, laissant apparaître un fond doré. Japon. Haut. 0,07, larg. du bec à l'anse 0,088.

403. Petite écritoire que l'on portait à la ceinture, formée d'un étui pour le pinceau et de l'encrier. Pièce en bronze cloisonné d'émaux polychromes sur fond brun foncé. Japon.

404. Porcelaine d'Owari cloisonnée. Bol campanulé profond, décoré à l'intérieur d'un dragon à quatre griffes et à l'extérieur d'un cloisonné, sur fond vert : ornements, fleurs et quadrillés. Japon. Haut. 0,09, diam. 0,175. Marque : *Nippon Seto Soraï Kutsu sei.*

405. Petit pot à thé cylindrique, en poterie de Kioto, cloisonnée fond vert, décorée de fleurs stylisées. Haut. 0,06. Couvercle en ivoire. Japon.

---

## ÉMAUX PEINTS DE LA CHINE

406. Un bol en émaux peints sur fond blanc, à l'européenne : sujets d'époque Louis XIV. Pièce faite sous la direction des PP. Jésuites. Chine.

407. Six plateaux carrés à angles rentrants, décorés en émaux peints de sujets humoristiques d'époque Louis XIV. Chine. Long. 0,098.

408. Deux pièces. — Un plateau circulaire lobé, décoré d'un sujet Louis XIV. — Un plateau carré, angles rentrants, fond bleu décoré d'un dragon. Chine. Long. 0,105 et 0,10.

409. Encrier à cinq lobes, en bronze, émail peint sur gros bleu, décoré en or : paniers de fruits et fleurs. Buse ciselée et dorée. Pièce fabriquée sous la direction des PP. Jésuites. Chine. Cachet Kien Long.

410. Plat, de 0,23 de diam., en émaux peints, fond vert d'eau pâle, finement décoré de motifs de fleurettes et du caractère de félicité. Chine. Kien Long.

411. Quatre pièces en émaux peints. — Deux petits plateaux (compartiments d'un drageoir), fond jaune très finement décoré de gourdes, fleurs et rinceaux polychromes. — Deux soucoupes, fond bleu foncé décoré de fleurettes. Chine. Kien Long.

412. Grand plateau plat, en émaux peints, fond bleu décoré en or de grecques, d'attributs religieux et de fleurs polychromes. Dessous vert d'eau. Long. 0,33, larg. 0,28. Chine. Kien Long.

# MEUBLES

## CORÉE

413. GRAND COFFRET, laque noir et nacre, à orients polychromes foncés ; octogone de 0,475 de large sur 0,30 de haut. Grandes incrustations en nacre, dessus et autour, signes de félicité conjugale, grues, chauves-souris et *koua* ; garnitures et fermeture en bronze. Intérieur laque rouge et plateau mobile. Corée.

414. TABLE BASSE, de 0,175 de haut, à plateau circulaire de 0,71 de diamètre, laqué rouge et noir sur montants à quatre pieds béquilles. Corée.

Au-dessous, inscription en coréen, indiquant que c'est l'une des trente tables qui meublaient le palais de Ko-Kan à Seoul en l'année Keui tchyouk.

415. CINQ COFFRETS, laque rouge, de formes différentes, à garnitures en bronze ciselé. Corée (Le lot sera divisé).

416. COFFRET-TOILETTE en laque rouge, garnitures en cuivre gravé, doré ; deux longs tiroirs fermés par deux vantaux et couvercle à secret formant miroir se fixant obliquement. Long. 0,32, larg. 0,215, haut. 0,265. Corée.

417. AUTRE COFFRET-TOILETTE, sans glace, même monture. Corée.

418. GRAND ET HAUT COFFRET laqué brun, incrustations en nacre au couvercle et autour : grues, pêcher et autres arbrisseaux, fermeture en métal. Long. 0,375, larg. 0,22, haut. 0,205.

419. GRAND ET VIEUX COFFRET en bois noir, incrusté sur les quatre côtés en nacre : oiseaux, fleurs, arbres et signes de bonheur. Le couvercle à charnières découvre deux compartiments parallèles. Sur le côté, deux longs tiroirs et porte à deux vantaux. Garnitures de svastikas en bronze. Corée. Long. 0,355, larg. 0,23, haut. 0,25.

420. COFFRET à accessoires de toilette de dame, laqué noir, entièrement incrusté en burgau d'ornements géométriques. Sur le dessus, se voient deux compartiments à couvercles mobiles et, à la panse, un tiroir s'ouvrant par un sécret. Corée. Long. 0,415, larg. 0,295, haut. 0,195.

421. HAUTE TABLE, à l'aspect de fauteuil, pour poser les tablettes des ancêtres. Bois noir sculpté. Corée. Haut. 1,27, larg. 0,48.

422. Haut socle, formant table, en bois dur, de 0,855 de haut. Il se compose d'un grand plateau plat rectangulaire, supporté par un mince et large montant en forme de caractère de longévité, ajouré et sculpté, élevé sur un socle à quatre pieds à profils divers. Corée. Dim. du plateau : long. 0,78, larg. 0,27.

423. Haut meuble en bois brun et ébène, de 1,66 de haut, 0,83 de large, 0,48 de profondeur, composé de deux corps : la partie du haut formant armoire est à porte à deux vantaux ajourés, doublés en soie noire tissée en or de dragons et d'attributs. Le soubassement est aussi à porte à deux vantaux. Les parties réservées en ébène sont gravées et niellées d'argent oxydé, de bêtes chimériques, d'arbres, de grands poissons. Cadenas de sûreté. Ce meuble a été fait spécialement pour un cadeau de mariage. On y lit, aux cadenas, en noir, le signe : chouang hi « double joie ou joie conjugale ». Corée.

424. Meuble à deux corps formant deux coffres superposés, laqué noir, recouvert à la partie antérieure d'incrustations, en nacre, d'animaux divers, d'arbres, de fleurs et, sur les côtés, de signes de félicité en caractères sigillaires. Il a 1,30 de haut, 0,76 de large, 0,39 de profondeur. Les deux parties s'ouvrent à l'aide de portes à deux vantaux et cadenas. Poignées et garnitures en bronze doré.

425. Meuble à deux corps, de 1,15 de haut, 0,90 de large, 0,46 de profondeur, en bois brun, verni de noir. Au haut, trois tiroirs alignés, porte à deux vantaux ; au bas, deux portes à deux vantaux, découvrant chacune trois tiroirs superposés. Garnitures aux angles, charnière, ouvertures, tiroirs et portes, bronze doré gravé. Un cadenas.

426. Grand coffre, de 0,92 de haut, 0,90 de large, 0,45 de profondeur, en bois brun, garni de larges plaques en bronze doré figurant de grands papillons. La face antérieure est formée d'un abattement à grandes charnières et se ferme à l'aide d'un cadenas à secret en bronze, gravé de caractères souhaitant longue vie, prospérité et nombreuse famille.

427. Haut socle, à plateau plat quadrilatéral, en bois sculpté de dessins géométriques et treillis ornés de chauves-souris. Haut. 0,91. Larg. du plateau, 0,44.

428. Coffret rectangulaire, en bois de deux tons, de 0,28 de long, 0,18 de large et 0,235 de haut, à deux faces creusées chacune de douze cartels décorés, en polychrome, de paysages animés de personnages, d'oiseaux et cernés en cuivre. Deux tiroirs à poignées en ivoire sur le côté et galerie au sommet.

## CHINE

429. Une chapelle à coupole, en bois ajouré. 0,58 de haut sur 0,215 de large.

430. Une vitrine de table basse carrée, en bois, avec glace ; socle garni

bleu, de 0,16 de côté et 0,11 de haut. L'encadrement est niellé argent. Socle sculpté.

430 bis. Une vitrine sans glace, non montée, formée de douze baguettes profilées et d'un socle ajouré avec médaillons en ivoire vert. Socle de 0,30 sur 0,285.

431. Coffret cuir, laqué rouge, rectangle de 0,36, 0,21 sur 0,14 de haut, avec poignées et fermoir en cuivre ; gravure de disques ajourés.

432. Autre coffret, laqué rouge, 0,40, 0,24 et 0,21, gravé d'ornements en creux ; garniture en bronze.

433. Coffret en cuir gaufré rouge, attributs, ornements, avec poignées, fermeture, 0,35, 0,20, 0,12.

434. Deux coffrets cuir gaufré : grecques, disques, fleurs. 0,33, 0,19, 0,07.

435. Longue boite cuir, aplatie, peinte en rouge. Rectangle de 0,37 de long sur 0,20 de large, 0,055 de haut, représentant au couvercle et autour des paysages animés de personnages en tons polychromes. Fermoir métal ajouré d'un svastika.

## TONKIN

436. Meuble du Tonkin à deux corps, brun clair, incrustations de nacre, portes à coulisses en haut et en bas. 1,06 sur 1,06 et 0,445 de profondeur. Fines incrustations en nacre à orient polychrome sur la face antérieure.

437. Plateau bas tonkinois, rectangulaire, de 0,31 de long, 0,19 de large, en bois brun, incrusté de fleurs et d'ornements.

437 bis. Table tonkinoise à trois pieds, de 0,70 de haut., à plateau rectangulaire en bois brun incrusté en nacre de papillons, fleurs, ornements, 0.83 sur 0,42.

438. Grand plateau du Tonkin. Socle rectangulaire en bois foncé, incrusté dedans et autour de fins décors d'attributs, fleurs en relief, ornements en burgau. Long. 0,40, larg. 0,25, haut. 0,14.

## PERSE

439. Un grand coffret bois verni, rectangulaire, de 0,49 de long, 0,335 de large, 0,14 d'épaisseur, sculpté et gravé de deux personnages européens en médaillons ovales entourés d'ornements. Intérieur en velours.

440. Grand coffret bois sculpté verni, rectangle de 0,36 sur 0,24 et 0,11 de haut, représentant en haut relief un combat entre un dragon et un dro-

madaire ; entourage de fleurs et d'ornements ; intérieur garni d'un vieux papier marbré. Perse.

441. DEUX COUVERTURES de livre, en bois jaune, sculptées et gravées d'un buste de dame européenne et d'un oiseau, les deux entourés de fleurs et d'ornements. Travail persan. Long. 0,235, larg. 0,154.

442. MIROIR PERSAN verni, plat, sans glace, formé d'un encadrement en bois, se fermant par un volet à charnières ; orné sur les deux faces de deux anciennes gravures sur bois habilement enluminées en tons polychromes et or : scènes de la vie de Jésus. Long. 0,21, larg. 0,155.

## JAPON

443. DEUX ÉTAGÈRES d'encoignure, dites « gigognes », formées de sept petites tables triangulaires, tripodes s'emboîtant les unes sur les autres et pouvant atteindre 1,90 de haut. Laque noir décoré de feuilles en or. Japon.

444. CINQ ÉTAGÈRES-APPLIQUES, en bambou tordu, de deux formes, de plus d'un mètre de haut.

445. DEUX ÉTAGÈRES en laque, formées d'appliques à plancher mobile à profils différents, en laque noir rehaussé or. 1,05 sur 0,20.

446. DEUX AUTRES. Laquées noir, en forme de carpe et de faucon. Environ 0,57.

# PELLETERIES

447. UN TAPIS formé de trois peaux de loups, doublure flanelle bleue. (Chine).

448. UN TAPIS, formé de trois peaux de loup (Chine).

449. UNE PEAU de panthère de Corée.

## NATTES ET STORES DE CORÉE

450. Nattes royales en rotin, de 1,50 sur 2,50, décorées l'une, de dragons en couleurs, l'autre, de tigres en couleurs.

451. Natte en paille de riz, 0,90 sur 2,20, oiseaux, papillons, caractères en couleur.

452. Huit nattes en paille de riz, décor polychrome, double caractère de félicité conjugale. 1,90 sur 0,83.

453. Quatre nattes en rotin à décor polychrome, bordures rouges, 2,80 sur 0,87.

454. Trois nattes en rotin à zones verticales, environ 3 mètres sur 0,73.

455. Une natte-coussin a tons polychromes, rotin, 0,90 sur 0,72.

456. Neuf stores rotin, pour fenêtres, décorées du double caractère de félicité conjugale, environ 1,50 sur 1,25.

## OBJETS DU MAROC ET DU LEVANT

457. Lampe de synagogue en bronze, formée d'une applique à sommet demi-circulaire, à dos ajouré, avec une petite lampe en haut et huit à la base. Maroc. Haut. 0,39.

458. Table-tabouret hexagonal de 0,53 de haut et 0,38 de large, en cuivre ajouré, gravé de caractères, de rosaces et ornements. Maroc.

459. Poteries marocaines. Trois pièces : Vase forme gourde, fond blanc décoré d'ornements polychromes ; — Vase ovoïde à col cylindrique rétréci vers la base et à deux anses, fond blanc décoré d'ornements en bleu ; — Tambour en terre, provenant de Tétouan.

460. Deux étagères murales, en bois doré et polychrome, posées sur fond velours bleu. Turquie.

# PARAVENTS

## CORÉE

461-462. Deux paravents à 10 feuilles de 1,80 de haut et de 5 mètres de largeur, représentant, en tons polychromes sur fond crème, des réceptions au palais impérial. Peinture sur soie, bordée en haut et en bas de bleu ; montures et ornements en bronze. Pièces remarquables par le nombre des petits personnages. Corée.

> Les deux paravents représentent les scènes d'un banquet royal (voir *Bib. cor.* n° 1305 et planches IV et V du vol. II). Les danses qui y sont figurées sont l'offrande de la pêche de longévité, le jeu de balles, la terrasse des lotus, les cigognes, la cueillette des pivoines, le tambour, le chant du loriot, le bateau en marche, la danse des couteaux, etc. (Voy. Courant, Bibliographie coréenne, tome I$^{er}$, n° 348, p. 212, 213, 214 et 215 et tome II, p. 538).

463. Paravent à 10 feuilles, de 1,70 de haut sur 3,70 de large, en soie bleue foncée, peinte en or : oies sauvages groupées à terre et volant. Pièce avec poésie et signature. Corée.

464. Un paravent à 3 feuilles de 1,15 de haut sur 1,65 de largeur, soie crème peinte en polychrome, canards nageant et volant. Corée.

465. Paravent à 3 feuilles, de 1,15 de haut sur 1,60 de large, soie crème peinte, polychrome, oiseaux aquatiques et grosse touffe de lotus. Corée.

466. Long paravent de 1,15 de haut sur 4,39 de long, pouvant se séparer en deux à l'aide de charnières à chevilles, soie crème peinte en polychrome : touffes de lotus, grues, canards, martins-pêcheurs, etc. Corée.

467. Paravent à 6 feuilles, de 1,70 de haut sur 2,52 de large, brodé en soie polychrome : arbres fleuris de diverses essences sur fond soie crème. Corée.

468. Paravent, de 2,20 de haut sur 3,20 de large, soie crème brodée en polychrome : scènes historiques. Corée.

469. Petit paravent à 5 feuilles, de 0,75 de haut sur 2,15 de large, peint : types divers de la société coréenne. En haut et en bas, bordures de soie japonaise tissée. Corée.

## JAPON

470. Grand paravent à 6 feuilles, de 1,80 de haut sur 4,45 de large. Polychrome sur fond d'or mat. Bordure soie tissée d'or.

Le paravent représente un épisode de la révolte de Taira Tadatsuné, sous le règne du 68ᵉ mikado, Go-ichijo-tenno (1017-1036).

L'œuvre est signée de Fujiwara Yeishin, de l'École Kano, fils de Tadanobu († 1828). En ce qui concerne les aquarelles à l'encre de Chine, Kano Yeishin fut maître dans le genre créé par le peintre Naonobu. Voir Gonse, L'art japonais, page 65.

Acquis à Séoul en 1888, ce paravent est vraisemblablement une œuvre d'art apportée en Corée, comme cadeau destiné au Roi, par une des ambassades envoyées par un Shogun.

> Taira Tadatsuné qui occupait les deux provinces de Hidaschi et de Shimotsuké se révolta et tint tête, pendant trois années à Taira Naokata, envoyé contre lui avec les contingents fidèles du Tokaïdo, du Kwan-to et de l'Oshu. Après ce temps, Yorinobu, frère de Yorimitsu, fut chargé des opérations. Les rebelles, à son approche, se retranchèrent derrière le Tono-gawa, après avoir enlevé toutes les barques du fleuve. Yorinobu, s'étant fait indiquer un gué, passa audacieusement le fleuve avec une troupe d'élite et surprit l'armée de Tadatsuné qui déposa les armes. Tadatsuné fut mis à mort.

471. Paravent à 6 feuilles, de 1,50 de long sur 0,54 de haut, décoré de grandes grues à terre, d'un vieux pin et de fleurettes ; nuagé d'argent oxydé.

472. Un second même forme, même genre de décoration, faisant pendant.

## MONNAIES

473. Importante collection de monnaies coréennes et autres. Plus de 3 000 pièces.

La collection comprend environ 2 500 spécimens différents des monnaies coréennes frappées depuis le xᵉ siècle jusqu'à nos jours. Les pièces anciennes de *Tong Kouk* et de *Tjyo-syen* se réduisent à quelques exemplaires. Ce n'est, en effet, que depuis le xviiiᵉ siècle que les monnaies de la Péninsule ont porté l'indication de l'endroit où elles ont été fabriquées. Depuis cette époque, les séries qui figurent dans la collection sont aussi complètes que possible bien qu'il y existe encore des lacunes. Pour l'époque moderne, on y a joint les monnaies d'argent à inscription sous émail bleu et celles frappées à l'imitation du *Yen* et des pièces divisionnaires du Japon.

Quelques amulettes y sont annexées, ainsi qu'environ 750 monnaies chinoises, japonaises et annamites et quelques billets de banque chinois et japonais.

La collection sera vendue en bloc.

## VERRES DE LA CHINE

474. Petit écran vertical rectangulaire, formé d'un panneau de glace de 0,165 sur 0,097, encadré de bois et se glissant sur un socle en bois ajouré. Le panneau est décoré, en ton brun, d'un intérieur de palais où se voit une dame se dirigeant vers un philosophe assis. Haut. totale 0,265. Époque Kien Long.

475. Un flacon bleu foncé côtelé, taches d'aventurine. — Un flacon rouge brun, gravé de branchages de prunier fleuri. — Un flacon verdâtre jaspé. — Un flacon bleu foncé à facettes. — Un flacon bleu clair. — Une petite pièce en verre noir soufflée au chalumeau, représentant deux animaux adossés.

Les pièces seront vendues séparément.

476. Un flacon tabatière à deux couches de verre, gravure à la roue, blanc à sujets nautiques. — Un flacon tabatière, blanc et noir, décoré de perroquet, chien et mascarons. — Un flacon tabatière, rose et noir, à caractères anciens. — Un flacon bleu uni. — Bouteille en verre teinté, de 0,225 de haut, en brun gravé, époque Hien foung. — Bouteille en bleu de 0,17 de haut. Époque Tong-tche.

Les pièces seront vendues séparément.

# PEINTURES CORÉENNES

477. PORTRAITS des grands conseillers du Royaume. Peintures coréennes du xvii<sup>e</sup> siècle. 40 PORTRAITS peints, mesurant 38 sur 28.

Les personnages sont coiffés de la tiare noire qu'on portait à l'intérieur du Palais Royal, et qui rappelle l'ancien costume chinois du temps des Ming.

Nous signalons tout particulièrement à l'attention des amateurs ces spécimens extrêmement rares de l'art coréen. Tous ces portraits témoignent d'une maîtrise exceptionnelle. Tous sont d'une exécution remarquable, d'une sincérité absolue et d'une intensité de vie extraordinaire. Telle de ces figures évoque le souvenir de quelque habile portraitiste de notre xvi<sup>e</sup> siècle français.

En voyant tous ces personnages à figure grave, à mine austère, à barrette noire, on songe à quelque synode de pasteurs protestants au début de la Réforme, à quelque Colloque de Poissy.

Il est curieux de trouver là, au milieu de cet Orient traditionnel, un maître qui s'affranchisse autant des conventions pour affirmer une telle personnalité.

Ces pièces seront vendues séparément.

478. PEINTURES CORÉENNES DU XVI<sup>e</sup> SIÈCLE, paysages, animaux, etc., les unes de style chinois, d'autres de style japonais. Album comprenant 26 peintures de divers formats.

479. QUINZE PEINTURES CORÉENNES du XVIII<sup>e</sup> siècle, sur papier et sur soie; recueil d'œuvres de divers peintres (personnages, paysages, animaux, une carpe, etc.). En un Album de format carré, couverture soie.

480. PEINTURE PAR YOU KI OEN (vers 1750). Scènes et paysages. 10 pièces en un album, format carré, entre planchettes.

481. ALBUM CORÉEN, daté du 8<sup>e</sup> jour du 8<sup>e</sup> mois de la 8<sup>e</sup> année Hien feung (1858). 80 figures représentant : les souverains chinois depuis Kao tsou, des Han (32 fig.), 100 beautés, figures diverses. Petit format oblong. (Quelques pages un peu rognées.)

481 bis. ALBUM comprenant six peintures coréennes, dont un tigre par Ouelhtang (xvii<sup>e</sup> siècle).

481 ter. DOUZE PEINTURES par Ho so tji, célèbre peintre du Tjyel la to (xix<sup>e</sup> siècle). En un album de format carré. Plantes, fleurs, paysages.

482. PEINTURES CORÉENNES DU XVI<sup>e</sup> SIÈCLE, représentant les sites célèbres des montagnes de diamant (*Keum kang san*). 12 pièces. Artiste : Ki-a; et 7 pièces

paysages, papillons, oiseaux, fleurs. Ensemble 19 pièces réunies en un album de format moyen, entre planchettes.

482 bis. Peintures de Kang Koang-iji (xvii⁰ siècle). Fleurs et paysages, 18 pièces en un album de format moyen.

482 ter. Recueil factice de six peintures des xviii⁰ et xix⁰ siècles, accompagnées d'un texte par Ri Koang-Sa. 1 album in-4, entre planchettes.

483. Recueil factice de 24 peintures de peintres célèbres du xviii⁰ siècle. En un album in -foli.

483 bis. Paysages. Album de dix vues. Petit in-8. Début du xix⁰ siècle.

483 ter. Rochers et pierres curieuses. 22 peintures en noir en un album in-8°, daté de l'année tyeng-you (? 1777.)

484. 13 peintures par Hyeng-Tjye (xvi⁰ siècle). Paysage montagneux; oiseaux; fleurs et papillons, scènes dans la campagne, montagnes dans la brume, etc. 1 album in-4°, pièces intéressantes.

485. Deux peintures représentant des dragons, en un album grand in-folio.

485 bis. Vingt grandes peintures. Scènes de la vie coréenne; les 4 saisons, labourage, tir à l'arc, danses, chasse au faucon, mariage, etc. En un album in-folio, couverture en bois.

486. Sites célèbres. Paysages du Keum-kang-san. Neuf peintures du xvii⁰ siècle, avec légendes, attribuées à Keum-Kai. Style chinois. Chaque pièce mesure 26 sur 29. En un album in-4.

Courant, 3706.

487. Quatre feuilles de kakémonos non montés, 1,20 sur 0,43, soie, peinture polychrome représentant des éventails divers avec inscriptions.

488. Kakémono de 1,16 sur 0,50, papier, grande danseuse debout. Monture soie japonaise tissée.

489. Kakémono de 1,30 sur 0,62, peint en noir, grand tigre marchant. Monture soie japonaise tissée.

490. Kakémono de 1,35 sur 0,58, papier, représentant une dame coréenne debout, une poésie à la main. Signature du peintre: Syek tji. Entourage papier imitant le bois.

Traduction :

>Au souffle du printemps, le saule sous le vent
>Est moins flexible que ta taille, ô Syo-man.
>Le lotus empourpré sur les eaux, à l'automne,
>Est moins rouge, Sy-tja, que ta lèvre mignonne.

491. Kakémono de 1,30 sur 0,67, papier peint polychrome. Entourage soie tissée d'oiseaux, papillons, grecques en or. La scène représente les combats dits

Hpyen-sa qui avaient lieu à Seoul après le temps des cerfs-volants, le 15 de la 1<sup>re</sup> lune, entre les habitants des cinq quartiers de la capitale. Monture japonaise.

492. KAKÉMONO de 1,43 sur 0,32, soie peinte, polychrome, engoulevent sur un arbre fruitier.

493. KAKÉMONO de 1,23 sur 0,32, papier, peint en noir, brochet et petits poissons nageant dans les herbes. Poésie et cachets.

494. KAKÉMONO, mêmes dim., noir, peint de grands crabes parmi les herbes. Poésie, cachets.

495. KAKÉMONO de 1,35 sur 0,60, papier, une jeune femme coréenne entr'ouvrant une porte. Inscription et signature, avec le sceau de Tjyo Tjyoungmeuk, célèbre peintre coréen du début du xix<sup>e</sup> siècle. Nom littéraire, Hai syek.

Traduction de l'inscription : Votre maintien est plein de dignité; votre apparence découvre à demi vos sentiments. Dans les profondeurs de la montagne, le pavillon est isolé; le long du cours de l'eau, les fleurs s'entr'ouvrent. Écrit par celui qui ne sort pas de l'ivresse, Hai syek.

496. HUIT KAKÉMONOS de 0,58 sur 0,305 peints sur soie : papillons, insectes, herbes et rochers; montures japonaises, soie foncée tissée d'attributs religieux en or.

497. DIX FEUILLES DE PARAVENT, papier, paysage, poésies et cachets.

498. DEUX FEUILLES de 1,50 sur 0,33, soie peinte, en grisaille, d'iris. Signatures et cachets du régent, père du dernier empereur de Corée.

499. UN LOT de 28 peintures coréennes, chevaux, paysages, personnages, etc., par divers artistes. Avec cachets et signatures.

500. UN LOT d'une centaine de peintures coréennes à l'encre de Chine. Presque toutes sont avec signatures et cachets.

501. LONGUE FEUILLE de papier de 20 mètres de long représentant un enterrement royal. Peinture au pochoir rehaussée à la main.

Cf : Bibliographie coréenne, n° 1319.

502. TROIS FRAGMENTS d'une vue panoramique de la ville de Hpyeng-yang, vieille impression en couleurs. Pièces trouvées en Corée et détachées d'un mur où elles étaient collées. Haut. 0,97, larg. 0,40.

503. UN LOT de 7 images populaires en couleurs, représentant des bonzes, bonzesses, enfants, bouddhas, etc.

504. GRANDE FEUILLE papier, de 0,95 sur 0,60, peint d'un grand tigre au repos. Peinture que les Coréens exposent dans une chapelle, pour s'assurer la protection divine contre le tigre.

# PEINTURES CHINOISES

505. Une peinture chinoise polychrome, 0,21 sur 0,44 : cortège d'enterrement. Cadre doré.

506. Une peinture, cortège de mariage. Mêmes dimensions. Cadre doré.

507. Une peinture chinoise (0,76 sur 0,49) : Tchong K'oueï tenant à la main un éventail. Cadre doré.

508. Grand panthéon bouddhique de quatorze personnages. Kakémono, soie peinte (1,85 sur 0,95).

508 bis. Peintures chinoises. Panthéon chinois, divinités et saints bouddhistes. 20 gouaches d'une exécution assez fine. En un album in-folio, à couverture de soie.

509. Études de bambous et d'iris, par Tcheng Sié. Douze grandes planches à l'encre de Chine, d'une exécution remarquable. Chaque planche est accompagnée de deux ou trois cachets tirés en rouge. En un album gr. in-4, couverture de soie.

509 bis. Kakémono de 1,30 sur 0,65, papier, peint en tons légers, représentant une femme debout (Déesse aux fleurs), tenant un vase entre ses bras.

510. Kakémono de 1,40 sur 0,46, soie peinte, polychrome ; personnage assis sur un banc, au pied d'un grand arbre. Poésie et cachets.

511. Trois kakémonos, formés chacun de trois feuilles d'éventails, collés sur fond papier, par un artiste différent : paysages, fleurs, oiseaux. Poésies et signatures.

512. Kakémono très ancien (1,15 sur 0,60), soie peinte, polychrome : divinité bouddhique à dix-huit bras assise sur le lotus, signature et cachets de K'ieou Ying, peintre de la dynastie des Ming (voir Giles « Chinese pictorial art », page 159).

513. Kakémono (1,28 sur 0,34), soie peinte en grisaille : paysage boisé. Inscription et cachet.

514. Makimono (1,15 sur 0,34), papier, peint en grisaille, crabes et roseaux. Poésie, signature et cachet.

515. KAKÉMONO (1,55 sur 0,69), soie peinte, polychrome; fonctionnaire en habit de cour dans un parc.

516. KAKÉMONO (1,35 sur 0,67) papier, peinture polychrome, la déesse Kouanyin, avec deux enfants, sur des rochers.

517. KAKÉMONO (1,10 sur 0,57). Reproduction d'une stèle de Wou Tao tseu représentant l'accouplement du serpent et de la tortue.

518. PEINTURES CHINOISES. Douze peintures en un album in-4, à couverture de soie.

Scènes enfantines. — Les dieux du bonheur. — Un chien savant. — Des acrobates. — Un danseur de corde. — La lanterne magique. — Des équilibristes.

519. KAKÉMONO de 1,23 sur 0,52, papier, peint en grisaille légèrement teinté : scène de chasse à courre et aux faucons. Poésie et cachets.

519 bis. MAKIMONO CHINOIS (1,35 sur 0,66), papier, peint en polychrome : trois femmes jouant avec de jeunes chiens dans un jardin de pivoines. Inscription et cachets du peintre Lou Ki-ngan (xviii$^e$ siècle).

520. KAKÉMONO (1,30 sur 0,62), papier brun, peint en polychrome : jeunes et jolies femmes, richement habillées, se dirigeant en bateau vers un rocher où se voit un arbre du haut duquel un petit singe jette des fruits à une des dames agenouillées à l'avant du bateau.

521. KAKÉMONO (1,80 sur 0,95), papier, peint en polychrome : Kouan yin debout, avec un petit enfant, sur pétales de lotus.

522. GRAND KAKÉMONO ancien (1,70 sur 0,80), soie peinte en noir; Tchong K'ouei, le dieu qui exorcise les démons malfaisants. Pièce remarquable. Époque Ming.

523. KAKÉMONO (1,40 sur 0,78), soie peinte polychrome. Un Bodhisatva, se détachant sur un nimbe trilobé, est assis sur un socle, accompagné de deux disciples.

524. MAKIMONO PAPIER (1,75 sur 0,90). Vues du palais d'été de l'Empereur de Chine, avant sa destruction en 1860.

525. GRANDE FEUILLE (1,30 sur 0,60), papier, peint en polychrome, deux canards et lotus. Signature et cachet.

526. UNE PEINTURE (MAKIMONO), 1,28 sur 0,31. Cortège représentant l'enterrement de M$^{gr}$ Delaplace, évêque de Pékin.

527. UNE PEINTURE (0,84 sur 0,29). Bûcherons.

527 bis. UNE PEINTURE (0,69 sur 0,38). Trois personnages se grattant le nez, l'oreille et le dos.

528. QUATRE KAKÉMONOS, papier, représentant en noir des seings. Signés Tseu-ngan, surnom du célèbre peintre et calligraphe de l'époque mongole Tchao-Mong-fou.

529. Quatre kakémonos (1,05 sur 0,27), papier rouge et or, peint de fleurs en grisaille.

530. Kakémono (0,58 sur 0,40), papier. Bouddha accroupi, nimbé, dont les contours sont formés de nombreux caractères *Fo* (Bouddha) et *cheou* (bonheur). Légende au-dessus. Gravure sur bois.

531. Deux kakémonos étroits (1,39 sur 0,18), papier, grisaille représentant des inscriptions bouddhiques provenant d'un temple de l'île Poutou. Caractères formés d'oiseaux, d'animaux et de plantes.

532. 25 feuilles polychromes, de dimensions diverses: portraits, têtes, divinités.

533. Quatre petits kakémonos, papier (0,13 sur 0,04), oiseaux et fleurs, polychromes.

534, 535. Quatre peintures à l'huile, de l'école de Canton représentant des Marines et des paysages (0,31 sur 0,22, 0,15 sur 0,12, 0,13 sur 0,10).

536. Tchong K'oueï (Shio-ki), debout. On voit dans sa manche un petit diable qui joue de la flûte. Encre de Chine avec légers rehauts (0,95 sur 0,50). Encadré.

537. Jeune femme sortant d'un bois de bambous, peinture polychrome avec inscription, signature et cachet. Dans un cadre en bois dur, gravé et sculpté de dragons. Diam. 0,34 sur 0,32.

538. Groupe d'oiseaux sur branche de cerisier, papier (0,34 sur 0,30). Encadré.

539. Panthéon céleste. 58 personnages, soie finement peinte (0,30 sur 0,27). Époque Ming. Encadré.

540. Déesse des fleurs, traversant un nuage, une corbeille à la main et semant des fleurs dans l'espace. Charmante peinture polychrome, sur soie, d'une grande finesse d'exécution (0,60 sur 1,03). Encadré.

541. Grisaille. Pèlerin regardant dans sa gourde s'il lui reste quelque chose à boire (0,28 sur 0,54). Encadré.

542. Réunion des plénipotentiaires anglais et français à Pékin en 1860 (0,70 sur 0,95). Encadré.

543. Peinture (0,34 sur 0,23), polychrome: les représentants des nations étrangères apportant le tribut à l'empereur de Chine.

543 *bis*. Kakémono (0,90 sur 0,33); soie peinte au trait noir rehaussé légèrement: un personnage accroupi vêtu de blanc. Le visage est traité dans le genre de la miniature (genre indo-chinois). Poésie dans le haut.

543 *ter*. Peintures chinoises de l'école de Canton, sur papier de riz. Scènes enfantines. — Jonques et barques. 24 pièces en 2 boîtes.

**Voir aussi les numéros 852-859 du Catalogue.**

# PEINTURES JAPONAISES

544. Kakémono (0,91 sur 0,36), soie peinte polychrome. Mère en riche costume avec son enfant sur son dos. Monture soie brune tissée d'attributs en or. Peinture de Fourouyama Massatsuné (boîte).

545. Deux kakémonos (0,31 sur 0,48), soie peinte : pivoine et feuilles. Monture soie tissée. Signatures et sceaux de Tanyu (boîte).

546. Kakémono (0,87 sur 0,31), soie peinte en grisaille : Faucon sur un arbre neigeux. Monture soie tissée. Signature et cachets.

547. Kakémono bouddhique (0,52 sur 0,30), soie finement peinte en polychrome de personnages minuscules. Reproduction d'une copie, « prise par le prêtre Shunjobo sur un dessin authentique de Zendotaïshi, docteur de Chine (xiiie siècle), exécutée pour la vulgarisation à Hozen Seisha, temple de Fukagawa, dans la circonscription de l'Est ». Les personnages sont tous cernés en or. Monture soie tissée or et polychrome. Bouts en cristal de roche.

548. Kakémono (0,80 sur 0,40), grisaille. Kouan yin, assise sur un dragon dans les nuages. Monture soie tissée.

549. Kakémono (1,12 sur 0,50), soie peinte, cailles et érable à l'automne. Monture soies diverses tissées. Signature, cachets : Okio, 1784.

550. Peintures de l'école de Tosa pour l'illustration de l'*Isé monogatari*. 7 albums de format in-4.

551. Kakémono (0,29 sur 0,44), papier, peint en grisaille. Personnage étonné à la vue de sa marmite changée en blaireau. Monture soie tissée.

551 *bis*. Kakémono (1,10 sur 0,48), soie peinte en polychrome. Personnages chinois : le Régent Ts'ao Ts'ao fait enfermer Kouan Yu dans l'appartement des deux femmes de Lieou Pei. (Voy. Mayers, Chinese reader's Manual, n° 297). Monture soie tissée brochée.

552. Kakémono (1,30 sur 0,55), papier, peinture polychrome, représentant deux pêcheuses, dans le style du triptyque d'Outamaro « les Pêcheuses d'Awabi », Monture soie tissée.

553. Kakémono (1,12 sur 0,40), soie peinte en grisaille : Oie volant au-dessus d'une pleine lune. Signature et cachet. Monture soie tissée.

554. Kakémono (113 sur 0,35), soie peinte en polychrome. Parties gouachées. Entourage soie tissée de dragons, phénix et lignes brisées. Signature et cachet. Le visage grave et soucieux, une jeune femme, aux riches vêtements, portant à la main une supplique, se hâte, sous l'averse, tandis qu'un serviteur (*yakko*) l'abrite sous un vaste parapluie. Charmante composition, spirituellement traitée par Fujimaro, dans le style de son maître Outamaro.

555. Kakémono (0,855 sur 0,265), peint en polychrome sur soie : sept singes dont un en méditation semble agréer les offrandes et les prières. Entourage bleu foncé. Parodie d'une cérémonie bouddhique.

556. Kakémono papier (0,40 sur 0,14). Inscription : *Na-mu-a-mi-da-butsu*, écrite par Ta-a-sho-nin. 39$^e$ du nom de Fujisawasan. Monture soie tissée d'or.

557. Kakémono (1,16 sur 0,40), soie peinte polychrome. Peintre et deux amies sur une terrasse. Monture soie tissée. Signature, cachet.

558. Kakémono (0,79 sur 0,44) Chromo représentant un empereur. Monture soie unie.

559. Recueil de 30 planches de croquis et dessins divers en noir et en couleurs. Un album de grand format.

# CÉRAMIQUE

## CHINE

560. Divinité dans une grotte. Kouan yin debout, sur socle de lotus. Les chairs sont mates et les vêtements recouverts d'une glaçure verte, jaune et manganèse. La grotte et les accessoires de mêmes tons. Époque des Ming.

561. Deux vases porte-bouquets recouverts d'émaux à coulées bleues flammées de divers tons ; décorés en ronde bosse de personnages à chairs mates.

562. Sphère entièrement recouverte de gros bleu, pièce intéressante parce qu'elle provient des ornements en faïence polychrome qui décoraient un des bâtiments du palais d'été (*Yuan ming yuan*) construit par les Jésuites.

563. Echassier bleu sur rocher mat, style des Ming.

564. Guerrier debout à décoration verte, jaune, rose, style des Ming.

565. Deux appliques porte-bouquets, formées de vases à face postérieure plate, forme balustre imitant la vannerie avec, en fort relief, des crabes qui se détachent de l'épaulement. Haut. 0,19. Poterie de Canton.

566. Deux perroquets, jaune et vert, sur rocher. Haut. 0,19. Socles bois dur ouvragé.

567. Porte-pinceaux, formé d'un croissant denté en poterie à coulées blanches, vertes, jaune manganèse (Ming).

568. Petit personnage accroupi, torse nu, barbe noire.

**Quatre pièces de poterie de Yi hing, préfecture de Tchang Tcheou fou, dite Boccaro.**

569. Boccaro brun : Soucoupe gravée en relief de grenouille, chrysanthèmes échevelés et plantes aquatiques.

570. Vieux boccaro jaune. Coupe formée d'une pêche de longévité, d'une moitié de pêche et d'un bourgeon. Long. 0,12, haut. 0,04. Socle spécial en bois ajouré sculpté. Pièce signée Ming Yuan tche (Ming Yuan a fait).

571. Vieux boccaro brun clair. Théière formée d'un gros citron digité (dit main de Bouddha) avec ses feuilles et sa tige formant l'anse.

572. BOCCARO brun foncé. Grosse théière circulaire surbaissée, fabrication moderne. Cachet.

573. SEPT Bodhisatvas auréolés, accroupis sur lotus. — Deux petits dômes bouddhiques (avec inscriptions tibétaines).

574. QUATRE SOUCOUPES blanches, décorées en bleu rehaussé de rouge et vert de dragons impériaux, de pins et de personnages. Au-dessous, chauves-souris. Cachet de Ouan li.

575. GROSSE LAMPE à huile, sphérique, à col cylindrique, blanche décorée en bleu cobalt d'un dragon passant derrière des nuages en rouge de cuivre. Monture en bronze doré patiné noir (K'ang hi).

576. PITONG cylindrique blanc, décoré en émaux polychromes à tons doux et usés : Lao tseu sur un cerf, suivi d'un disciple portant un livre au bout d'un bâton. Haut 0,13 (K'ang hi).

> Sur les contours du vase sont peints les huit vers suivants de Tchou-kin : Au milieu de la montagne, on jouit d'une vue ravissante ; les sommets coupés par les nuages sont surmontés d'une vapeur perlée : moi, humble messager, je porte un cadeau de longévité pour que vous jouissiez longtemps de la paix et de la sérénité ici-bas.

577. DEUX HAUTES TASSES sans anses, fond blanc, décoré de scènes maternelles en émaux polychromes à tons doux, à irisations nacrées. Haut. 0,10 (K'ang hi).

578. SOUBASSEMENT de vase, formé de la partie inférieure d'un grand vase balustre, col en blanc décoré de rouge au feu de moufle, lambrequins, chrysanthèmes ; feuilles et rinceaux cernés de vert pâle. Haut. 0,27, socle bois. Epoque K'ang hi.

579. PLAT creux à large décor, en rouge et émaux verts et jaunes : oiseau près d'un buisson fleuri. Au marli, cartels de kakis, grenades, citrons digités, alternant avec des résilles géométriques. Diam. 0,275.

Au-dessous, entre une couronne de filets bleus les caractères Ta-tsing K'ang hi.

580. GRAND PLAT blanc décoré de nénuphars en rouge et d'émaux bleus et verts un peu usés. Diam. 0,345. Une feuille bleue dessous. Epoque K'ang hi.

581. TROIS ASSIETTES d'époque K'anghi, décorées de fleurs en émaux polychromes.

582,583. TROIS ASSIETTES blanches, décor polychrome, marque enrubannée et cercles au-dessous.

584. DEUX PETITS PERSONNAGES blancs, rehaussés grossièrement de vert et de rouge. Ming.

585. DEUX ASSIETTES K'anghi, décorées au centre d'un grand panier fleuri.

586. PLAT de 0,275 de diam., blanc, marli à reliefs, fleurs stylisées, décoré

en rouge au centre d'une scène féminine et au marli d'oisillons et de fleurs. Parties rehaussées d'or. Young tcheng.

587, 588. Deux petites bonbonnières cylindriques, bleu et blanc ; l'une très finement décorée de dragons impériaux et de nuages et l'autre de paysages. Young tcheng et Kien long.

589. Deux petites pièces : Une jardinière minuscule forme de nénuphar. — Une jardinière minuscule céladonnée craquelée. Socle.

590. Quatre soucoupes diverses : Une marquée (Young tcheng), décorée en bleu de nuages entourant des dragons impériaux rouges. — Une creuse décorée au centre d'un personnage polychrome et d'ornements en rouge. Cachet Kien long. — Une troisième creuse, décorée en bleu. — Une quatrième en vert foncé gravée de chrysanthèmes et de grecques.

591. Deux soucoupes à décors dits « Mandarins ». Sujets légendaires.

592. Quatre tasses minuscules sans anses, découvertes, blanche, verte, bleue, jaune à l'extérieur, entièrement gravées ; décor polychrome de fleurettes. Kien long.

593. Un tube quadrilobé, fond vert d'eau, couvert de points saillants dits peau de crapaud, en émaux fixes à réserves de deux médaillons blancs finement décorés de personnages hollandais et de paysages. Cachet Kien long.

593 *bis*. Socle formé d'un nénuphar rose et vert. Kien long.

594. Un porte-pinceaux, formé d'un socle ajouré de grecques, décoré en bleu d'ornements et d'un paysage polychrome, avec personnages. Dessous vert d'eau. Cachet Kien long.

595. Deux coupes basses, jaune impérial, gravées de dragons impériaux. Cachet Tao Kouang.

596. Deux coupes vert d'eau, décorées d'oiseau, de glycines, de pivoines. Cachet Tao Kouang.

597. Une assiette creuse, blanche, décorée en émaux polychromes de pivoines et chrysanthèmes. Marque Young tcheng.

598. Assiette blanche, décorée en bleu, rehauts de rouge et d'or, fleurettes.

599. Coupe creuse blanche, décorée en émaux polychromes ; oiseau volant vers un arbre fleuri. Cachet d'artiste, dessous marque de Young tcheng.

600. Une assiette lobée, forme argenterie européenne, vert pâle, entièrement gravée et rehaussée de branches fleuries.

601. Trois pièces. — Une coupe, entièrement gravée à l'intérieur, de rinceaux recouverts en bleu et de rosaces en émaux polychromes. — Deux plats

gravés jaunes et vert d'eau, rehaussés de branches fleuries polychromes. Cachet Kien long.

602. PLAT-COUPE, creux, blanc, décoré en bleu, émaux verts et jaunes cernés de noir : célosis et oiseaux avec rehauts de rouge. Caractères en or dessous. Young tcheng.

603. DEUX ASSIETTES-COUPES, à douze cartels dentelés, décorées au centre d'un fond de tortillons bleus et de fleurs à rehauts d'or. Au marli, douze motifs de fleurs stylisées à rehauts d'or. Dessous, douze branches de chrysanthèmes de tons divers et cachets en caractères curvilignes de Young tcheng.

604. PLAT CREUX blanc, décoré en émaux polychromes en relief, fruits et feuillages stylisés au centre desquels se lit en rouge le caractère du bonheur. Diam. 0,23. Dessous, cachet du céramiste.

605. DEUX ASSIETTES, décorées au centre d'émaux en fort relief ; phénix et pivoines, cartels de chimères stylisés et quadrillés au marli. — Une soucoupe. Époque K'ang hi.

606. DEUX SOUCOUPES blanches décorées en émaux fixes de pivoines, canard et papillons. Young tcheng.

607. DEUX COUPES creuses blanches, décor polychrome de personnages, rehauts d'or.

608. SIX SOUCOUPES blanches, décorées de scènes champêtres et de fleurs. Cachets Tong tché.

609. PLAT CREUX, blanc, légèrement bleuté par l'oxyde de cobalt, décoré d'une grande carpe bleue à écailles rouge de cuivre. Diam. 0,26.

610. ASSIETTE K'ang hi, décor polychrome, pivoines et fins ornements.

611. DEUX ASSIETTES. — Une creuse K'ang hi, fleurs ; une assiette de la Compagnie des Indes, bleu rehaussé.

612. UNE SOUCOUPE hexagonale, lobée, décor en relief, fleurs et branchages.

613. ASSIETTE blanche, décorée de zones en bleu et de fines pivoines polychromes. Marque Kien long.

613 *bis*. COUPE CREUSE blanche décorée en rouge de sujets humoristiques européens, de bateaux et dessous de chauves-souris. Cachet Kia King.

614 et 615. DEUX APPLIQUES porte-bouquets, formés de vases balustres à dos aplatis décorés très finement : l'un d'un cartel, de sujets d'enfants, entouré de fleurs et feuillages. Kien long. — L'autre, décorée de sujets légendaires (genre Kien long). Haut. 0,18.

Ces deux appliques ont leurs socles et sont fixées sur fond de velours.

616. PETITE POTICHE élancée, fond blanc à décor polychrome : phénix sur un rocher où poussent des pivoines. Émaux un peu usés. Haut. 0,23. K'ang hi.

617. GRANDE APPLIQUE de sceptre, convexe, délicatement ciselée et ajourée, représentant des dragons impériaux se jouant sur un fond de nuages. Décor polychrome en tons doux. Entourage en bois finement fouillé, dragons, perle et nuages. Long. avec bois 0,19. Kien long.

618. TROIS PETITES TASSES à vin, rouges à l'extérieur et or à l'intérieur, forme de moitié de pêche, à anses formées de branchages. Kien long.

619. PITONG hexagonal, fond blanc, décoré en émaux polychromes de scènes légendaires. Haut. 0,135. Genre K'ang hi.

620. DEUX PETITS VASES balustres blancs, à décor polychrome, scènes familiales. Haut. 0,155.

621. DEUX PETITS POTS couverts à poudre, cylindriques, blancs, entièrement décorés en rouge de fleurs stylisées et de caractères du bonheur. Cachet Young tcheng. Haut. 0,085.

622. CYLINDRE blanc, décoré de dragons impériaux, perle et nuages en rouge. Haut. 0,11. Socle bois.

623. DEUX BONBONNIÈRES carrées, vert d'eau, avec médaillons de paysage. Le fond est complètement orné de pointillés minuscules en blanc fixe. Larg. 0,105. Époque Tong tché.

624. DEUX SOUCOUPES jaunes, entièrement recouvertes à l'intérieur du caractère du bonheur. Époque Tong tché.

625. PITONG cylindrique blanc, décoré en bleu foncé, rehaussé de manganèse : combat de guerriers dans un paysage abrupt. Haut. 0,12. Socle bois.

626. VASE BLANC et bleu ovoïde, se terminant en une large ouverture, décoré du dragon impérial, d'un *fong hoang* et de la perle au milieu des nuages. Mascarons têtes d'éléphants. Haut. 0,17. Epoque Tao kouang. Socle bois.

627. QUATRE SOUCOUPES, rouge corail, décorées de signes du bonheur en or. Cachet Tong tché.

628. DEUX PETITS BOLS blancs, décor oiseau sur branche de prunier. Cachet Kien long.

629. UN BOL blanc, décor fleuri en or. Cachet Hien foung.

630. GRAND BOL (0,16 de haut., 0,375 de diam.), intérieur jaune, à grand décor polychrome de branches, de pivoines ; sur extérieur blanc, à sujets légendaires. Genre Kia k'ing. Socle bois.

631. DEUX FLAMBEAUX d'autel, fond vert d'eau, finement décorés d'attributs enrubannés, de fleurs, branchages et ornements stylisés en jaune, rouge et bleu, cernés de filets d'or. Marque : *Tsing tsin t'ang tche* (fabriqué par l'Établissement du progrès éminent). Haut. de la porcelaine 0,25. Socles bois sculpté. — Cierges en cire rouge.

632. GRAND PANNEAU de 0,46 sur 0,71 représentant, en tons polychromes, Lao tseu debout près de son cerf, au milieu d'un fond laqué rouge. Cachet. Époque Kien long.

633, 634. DEUX PETITS PANNEAUX blancs, encadrés de bambous noirs. L'un, représentant des enfants regardant des poissons dans un aquarium. — ESQUISSE en noir à la plume. Kien long. Fabrication de la porcelaine.

635. UNE PLAQUE DE PORCELAINE, blanche, décor polychrome, représentant les divines beautés qui habitent la lune ; le peintre les a représentées chacune portant un instrument de musique telles que l'empereur Ming-tsong (926 de J.-C.) les vit un jour en songe. Les costumes sont ceux de l'époque des T'ang (Genre Kien long).

636. UNE PLAQUE DE PORCELAINE, représentant les huit *Pa sien jen*, les huit Génies du Taoïsme. Genre Kien long.

637. VASE blanc décoré en émaux polychromes fixes de groupes d'enfants à cheval sur les douze animaux dont les noms sont employés pour marquer les années : rat, bœuf, tigre, lièvre, dragon, serpent, cheval, bélier, singe, coq, chien, porc. Haut. 0,33. Cachet Kien long. Socle bois.

Ces douze caractères, qui marquent aussi les heures, se combinent avec dix autres caractères pour former le cycle de 60 années.

## FLACONS ET TABATIÈRES

638. UN FLACON, formé d'une montre à deux faces avec cadrans entourés d'un quadrillé rouge.

639. DEUX FLACONS blancs, décorés d'un vaisseau et, au verso, d'Européens, tête nue, devant une reine couronnée. Marque Tao kouang.

640. DEUX FLACONS quadrilatéraux à deux faces aplaties, décorés en bleu avec, sur fond vert d'eau, deux doubles têtes de Hollandais. Cachet d'artiste.

641. TABATIÈRE cylindrique, décorée en bleu et rouge de cuivre : sirène, tortue, chimère, femme nue dans une grande carapace, dragon, porc, cheval, chien de Fo, chaque sujet muni de nageoires sur fond de vagues imbriquées. Fin XVII$^e$ ou commencement XVIII$^e$. Socle bois.

642. FLACON, formé d'une chimère accroupie mordant une boule en vieille pâte blanche à glaçure vitreuse.

643. UN DOUBLE FLACON, blanc bleu, décoré de dragons. Cachet Young tcheng.

644. UN FLACON, blanc bleu, décoré de paysage.

645. UN FLACON cylindrique blanc, signé Ta-Ming Siouan to, mais surdécoré.

646. Un flacon blanc décoré de scènes familiales. Cachet Tao kouang.

647. Un flacon, fond jaune avec décor en relief.

648. Petit flacon d'époque Kien long, décoré en fort relief de sujets libres.

649. Flacon à deux anses, gravé d'ornements et recouvert de bleu donnant un aspect foncé dans les creux et clair sur les parties saillantes. — Tabatière minuscule.

650. Flacon-tabatière en jade foncé, formé d'une grappe de raisins. Long. 0,055.

651. Tabatière, forme bouteille blanche, petit socle.

652. Tabatière entièrement couverte d'un manganèse foncé.

653. Tabatière, émail turquoise finement cloisonnée, et décorée des attributs bouddhiques. Époque Kien long.

654. Tabatière quadrilatérale, décorée de deux têtes européennes grotesques. Bouchon malachite.

---

655. Deux pendeloques « porte-bonheur », de formes différentes, finement décorées, avec inscription en chinois et en mandchou. Époque Kien long.

656. Une épingle à cheveux tartare, en porcelaine décorée en bleu avec réserves de fleurettes polychromes cernées d'or.

657. Deux petites gourdes-bouteilles, turquoise pâle, pointillé de grains noir. Haut. 0,14. Kien long.

658. Coquillage sur roche, recouverte d'une glaçure vert d'eau tigrée de brun. Kien long.

659. Coquillage formant coupe, ton brun à irisations. Intérieur rougeâtre. Kien long.

660. Très fin petit bol, décoré extérieurement, en bleu, de motifs de fleurs et branchages stylisés et à l'intérieur d'un sujet libre au feu de moufle. H. 0,04. Kien long.

661. Fragment de flambeau formé d'un nénuphar. Kien long.

662. Petite jardinière sang de bœuf à irisations clair de lune, balustre surbaissé, mascarons, têtes de chimères. Intérieur ton rose pêcher. Haut. 0,07, larg. 0,12. K'ang hi.

663. Large jardinière balustre, ton brun pêche irisé ; deux anses et trois pieds à irisations métalliques. Haut. aux anses 0,12, long. 0,16. Socle bois sculpté.

664. LARGE PETITE JARDINIÈRE basse à anses, manganèse à poudré métallique. 0,12 sur 0,06. Socle bois.

665. MINUSCULE JARDINIÈRE à ton brun.

666. GRAND VASE balustre, épaulement élevé à mascarons, ton manganèse rouge poudré métallique. 0,35 sur 0,22. Socle bois sculpté ajouré.

667. QUATRE TASSES minuscules, turquoise, formant calice à sept lobes, gravées de grecques s'entrecroisant. Haut. 0,03. K'ang hi.

668. COUPE céladonée, en forme de grande feuille de nénuphar à larges craquelures. Diam. 0,21.

669. SIX PETITES TASSES, forme baignoire resserrée au milieu, entièrement décorée en or. Petits socles en étoffe. Kien long.

670. VASE rouge corail, craquelé dedans et dessous. Balustre à col recourbé. Tout le vase est lobé perpendiculairement de la base au sommet. Il est orné de deux cartels et de deux mascarons. Haut. 0,19. Kien long. Socle bois ajouré.

671. PETITE KOUAN YIN, en porcelaine blanche (dite: blanc de Chine du Foukien). La divinité est assise entre deux attributs et deux personnages debout à ses pieds. A la base se voit un dragon. Haut. 0,18.

671 bis. THÉIÈRE de voyage, cylindrique, couvercle aplati, gaine en vannerie.

# JAPON

672. RAKOU. — BOL à couverte à glaçure noire, et brun mat dans les creux, entièrement bouillonnée. Attribué à Dāhatchi. Diam. 0,115.

673. VIEUX BIZEN brun. — BOUTEILLE-GOURDE à partie supérieure inclinée, anse tordue formée de vrilles et feuilles. Haut. 0,195.

674. VIEUX BIZEN. — BOUTEILLE brune à saké, cubique, verticale, gravée d'un vieux tronc et d'une poésie. Haut. 0,22.

675. SETO. — GRANDE BOUTEILLE à panse en forme de sac, à cordon noué, épaulement conique et col cylindrique, décorée sur brun à deux tons d'une large tache coulée verdâtre et crème. Haut. 0,25.

676. KOUTANI. — SIX COUPES creuses formant grands calices de fleurs; bord supérieur festonné. Décors au centre sur réserve trilobée en blanc, de fruits en jaune vert et bleu et, au bord, de trois parties en quadrillé rouge. Dessous décoré en vert, pommes et aiguilles de pin. Cachet émaillé vert du signe *Fuku*, Souhait de félicité. Diam. au bord 0,135.

677. KOUTANI. — VASE balustre hexagonal, décoré en émaux polychromes à irisations de trois sujets de Sennines alternant avec trois cartels de carpes

entourés d'un entrelac triangulaire rouge. Haut. 0,248. Pièce remarquable comme exécution.

678. SATSUMA. — HAUT VASE conique renversé, épaulement aplati, col cylindrique et recourbé. Sur un fond très finement truité, riche décoration d'oiseaux sur grande branche fleurie entre des zones de décors. Rehauts d'or. Haut. 0,295.

679. GRANDE THÉIÈRE couverte, poterie noire entièrement faite à la main. Pièce unique, à empreintes de doigt ou d'ébauchoir, décorée en relief de nénuphars sortant de l'eau et d'une anse formée d'une tige de nénuphar. Poésie et cachet. Haut. 0,20.

 Traduction de la poésie :
Sur l'eau verte du bassin argenté (par la lune), pur est l'éclat de la nuit.
Une fraîcheur nouvelle, vivement ressentie partout, a fait cesser la pluie,
Seule, la senteur des nénuphars parfume les deux manches (de mon vêtement).
La beauté de la glace ne se distingue plus de celle de la lune.
 Un anonyme a fait cette légende.

680. SATSUMA. — CHARMANT PETIT CANARD mandarin se grattant le dos, rouge, bleu, noir, à rehauts d'or. Long. 0,045.

681. SATSUMA. — BONBONNIÈRE lenticulaire, gravée dessus, dedans et dessous de chrysanthèmes blancs et décorée en réserves sur fond d'or de nombreux chrysanthèmes polychromes et de papillons. Diam. 0,08, épais. 0,025.

682. SATSUMA. — BONBONNIÈRE minuscule, forme tambour clouté, couverte crème finement truitée et habilement décorée en émaux fixes polychromes, de rinceaux, de feuilles, de chrysanthèmes et de fleurs et de zones rouges à rehauts d'or. Épais. 0,025, diam. 0,04.

683. SATSUMA. — BRÛLE-PARFUMS circulaire, surbaissé, à partie médiane, anguleuse, fort saillante, ton crème finement truité, richement décoré à l'épaulement de groupes de disques de chrysanthèmes, de feuilles d'érables en polychrome et vers la base d'une zone de même décor. Rehauts d'or en fort relief. Le couvercle en argent est ajouré triangulairement, repoussé de trois feuilles et gravé de rinceaux. Haut. avec couvercle 0,055, diam. 0,08.

684. SATSUMA. — SIX PIÈCES. Théière et cinq tasses minuscules, crème truitée, décor polychrome : enfant et branches de chrysanthèmes ; fins rehauts d'or.

685. KENZAN-YAKI. — CYLINDRE tripode, gravé en relief, biscuit manganèse foncé sur un fond largement ébauché de chrysanthèmes, d'herbes et de nuages. Pièce de l'atelier d'Ogata Shinsho plus connu sous le nom de Kenzan. Signé Kenzan. Haut. 0,06, diam. 0,08.

686. SIX PIÈCES. Quatre coupes : une blanche décorée en or avec dessous en bleu, Yeirakou. — Trois autres, décorées de drapeaux, en rouge de Koutani rehaussé d'or. — Une tasse minuscule blanche décorée d'un oiseau dans le genre Arita.

687. UNE THÉIÈRE minuscule en poterie mate, genre Boccaro chinois, formée d'une grenade. Pièce modelée. Signature d'artiste.

688. HIRATO (Hizen). — TROIS PIÈCES. Une oie minuscule à dos mobile formant brûle parfums. Haut. 0,047, long. 0,06. — Un lapin minuscule formant netsuké. — Un plateau rectangulaire de 0,16 sur 0,12, ajouré d'une ouverture formant un cadre entouré d'une branche de chrysanthèmes modelée en haut relief.

689. ARITA. — BOL avec orifice à douze lobes, blanc, décoré de chrysanthèmes et de branches fleuries polychromes. Style Kakiyémon.

690. IMARI. — GRAND ET LARGE BOL creux, décoré intérieurement et extérieurement en polychrome de chrysanthèmes, de pivoines et de vagues en bleu. Dessous, petite branche de chrysanthème. Rehauts d'or. Haut. 0,122, diam. 0,25. Socle béquille en bois.

691. IMARI. — GRAND ET HAUT BOL presque cylindrique, craquelé par endroits, décoré en polychrome de médaillons réservés, de paysages maritimes, de dragons à quatre griffes entourés d'un fond bleu foncé orné de chrysanthèmes ; décoration à l'intérieur de fleurs et au-dessus du chrysanthème à seize pétales. Rehauts d'or. Haut. 0,14, diam. 0,22. Socle bois béquille.

692. IMARI. — GRAND PLAT, forme argenterie, à bords lobés, décoré en bleu d'un vieux prunier fleuri, de pivoines, d'oiseaux ; rehauts rouge, vert et or. Dessous marque Ta Ming Ouan li. Diam. 0,29.

693. PETIT PLAT lobé blanc, décor en bleu, draperie, branche de pivoine, à rehauts rouges. Dessous, marque Ta Ming Tcheng hoa. Diam. 0,215.

694. IMARI. — PLATEAU polychrome formé, en creux, d'une poétesse de l'époque Genrokou. Au-dessous marque Ta Ming Tcheng hoa.

695. PETIT PLATEAU octogonal, blanc, décoré de cailles près d'un buisson fleuri en bleu rehaussé de rouge et de vert. Larg. aux angles 0,15.

696. IMARI. — PLATEAU en forme d'éventail blanc, décoré à tons doux de bambous, de branches de pivoines (genre Kakiyemon) et d'une draperie quadrillée polychrome. 0,30 sur 0,20.

697. OWARI. — VASE ovoïde couvert, à quatre lobes séparés, ton blanc décoré en tons doux de chrysanthèmes, de rinceaux et de fleurettes. Haut. avec couvercle 0,18.

698. OWARI. — GRANDE FEUILLE de nénuphar, blanche, formant coupe ovale basse. Long. 0,295.

699. BIZEN et KIOTO. — QUATRE PIÈCES minuscules : un chien de Fô en Bizen brun à irisations métalliques. — Deux netzukés polychromes, Okamé et personnage accroupi. — Un sifflet netzké formé d'un oiseau noir rehaussé d'or.

700. GRANDE BOUTEILLE hexagonale rouge à anses retombant du haut sur l'épaulement. Pièce ayant l'aspect de laque rouge; ciselée aux anses et sur la panse de sujets légendaires sur fond de vannerie. Trois petits pieds à la base. Haut. 0,265.

701. OWARI. — GRAND BOL octogonal, décoré en bleu et rehaussé dedans et au bord supérieur extérieur d'un fond rouge décoré de chiens de Fô, de boules et d'attributs religieux. Haut. 0,07, diam. 0,165.

702. PIÈCE en poterie à couverte rouge. Carpe couchée, queue relevée, formant boîte. Long. 0,15. Pièce originale à aspect de laque Kishiou, signée.

703. GRAND COLÉOPTÈRE, bonbonnière; intérieur blanc décoré en bleu d'une branche fleurie signée. Extérieur en ton naturel craquelé. Pièce d'Owari.

704. DEUX GROS PAVOTS formant flacons en biscuit brun. Kioto.

705. KIOTO. — DIVINITÉ féminine debout, les bras pendants ramenés vers le giron; le buste et le bras nus sont couleur chair. Sa tête nue est ornée d'une grosse perle sur le sommet, son vêtement est à draperie flottante, décorée sur fond vert et rouge, de fleurettes et de rehauts d'or. Haut. 0,365.

706. KIOTO. — GRANDE ET BELLE KOUAN YIN accroupie sur une natte, les jambes croisées et cachées par le vêtement, les bras pliés, les mains ramenées vers la poitrine et tenant un makimono roulé. La Divinité porte une haute coiffure d'où retombe une ample draperie décorée en or de rosaces hexagonales s'entre-croisant. Elle a les chairs teintées au naturel, les cheveux noirs; un riche collier orne sa poitrine. Cachet dessous. Haut. 0,315.

707. OWARI ? — VASE élancé, fond blanc granité bleu clair au col et blanc rongé par un acide à la base, décoré en polychrome d'un sujet humoristique : un personnage obèse se battant à coups de pinceau chargé de noir avec une fillette. Décoration dans le style de l'école d'Outagawa. Haut. 0,305.

708. KIOTO. — DEUX VASES ovoïdes à quatre faces concaves, modelés en haut relief. Décoration polychrome rehaussée d'or. Haut. 0,325.

709. TASSE et SOUCOUPE, forme européenne, très finement décorées au feu de moufle et en couleurs fixes de papillons et de rosaces. Kioto.

710. GUÉRIDON formé d'un grand plat d'Imari de 0,68 de diam., mobile sur trépied en bambou. Haut. totale 0,79 (Réparé).

니충이지비가나충야형뎨
여소시옷바불셔루니부며
먹덥니겨졍비 マ만니니충
여두려늘오니가나히사로
메이려톳충니편안티몰ᄒ
니못다사람야ᄒ효로다혼
ᄃᆡ니춤이거즛티당ᄒᆞ둘
비즈라모ᄃᆞ파야오ᄂᆞᆯ모
고효리라ᄒᆞ효못거불너충
이모다안햐알피셔럽어기
계손오며여겨졍비샹우나
와나글로ᄅᆡ취어미와형ᄐᆡ
소이록ᄠᆡᆨ나셔충니그졔도
내틸기셔ᅵ아다ᄒᆞ고셔ᅮᆫ공
야무ᄂᆞ나가라ᄒᆞ효겨졍비
눈물머기고나가ᄂᆞ라

# LIVRES ET GRAVURES IMPRIMÉS EN CORÉE
## DEPUIS LE XIV° SIÈCLE JUSQU'AU XIX°

Collection précieuse d'ouvrages rares, imprimés en Corée depuis l'invention des caractères mobiles dans ce pays jusqu'à nos jours, et qui n'a pu être formée que peu à peu, grâce à un concours de circonstances favorables, et durant un long séjour fait dans cette *Terre du calme matinal* si obstinément fermée pendant des siècles à tous les étrangers.

Longtemps avant que Gutenberg eût doté l'Europe de sa merveilleuse invention, la Corée connaissait les caractères mobiles. En 1403, le roi Htaï-tjong rendait un décret où l'on remarque le passage suivant : « Pour gouverner, il faut répandre la connaissance des statuts et des livres : notre pays est situé à l'orient, au delà de la mer, aussi les livres chinois y sont rares. Les planches gravées s'usent facilement ; de plus, il est difficile de graver tous les livres de l'univers. Je veux qu'avec du cuivre, on fabrique des caractères qui serviront pour l'impression, de façon à étendre la diffusion des livres. »

De ces précieux et rarissimes documents de l'art typographique en Corée aux xiv° et xv° siècles, nous possédons quelques spécimens dignes de toute l'attention des bibliophiles européens.

Quel amateur, en effet, ne s'enorgueillirait de posséder dans sa bibliothèque des ouvrages tels que :

Le n° 711. *Traits édifiants des Patriarches*, imprimé en 1377 dans une bonzerie, à l'aide de caractères *fondus*.

Le n° 712. Ouvrage bouddhique dont l'impression, dit M. Courant, semble remonter au début du xiv° siècle.

Le n° 713, impression datée de 1434, sur types mobiles en cuivre ; les numéros 715, 719, illustrés de gravures sur bois (scènes et personnages) du plus haut intérêt et que l'on aimera à comparer avec les productions xylographiques européennes de la même époque.

Le n° 717 (Livre des Mille mots). Exemplaire unique.

Le n° 727 (Extraits des King), le chef-d'œuvre de la typographie coréenne.

Les n°° 735 à 740, ces vénérables rudiments pour l'étude du chinois, du mandchou et du mongol.

Et, plus loin, ces grandes descriptions de fêtes et de banquets (766, 767), dont les planches spirituellement dessinées et finement gravées nous en apprennent plus sur la vie coréenne que de longs récits de voyageurs.

Nous n'avons pu décrire tous ces volumes que grâce à l'excellent ouvrage de M. Maurice Courant, auquel nous renvoyons les lecteurs curieux : *Bibliographie Coréenne*. Tableau littéraire de la Corée, contenant l'analyse des ouvrages publiés jusqu'en 1890, ainsi que la description et l'analyse détaillées des principaux d'entre ces ouvrages (Paris, Ernest Leroux, Éditeur, 4 volumes in-8, avec planches et fac-similés).

Toutes les notes portant un numéro précédé de la lettre C sont des références à cet ouvrage.

711. TRAITS ÉDIFIANTS DES PATRIARCHES rassemblés par le bonze Paik-ounn. Un volume gr. in-8 (2ᵉ livre seul).

C. 3738 et supplément p. ix.

CE RARISSIME VOLUME, imprimé en caractères chinois, semble être le plus ancien livre que nous possédions, sorti des presses coréennes. Il porte à la fin l'indication suivante : *En 1377, à la bonzerie de Heung-tek, imprimé à l'aide de caractères fondus.* D'après cette indication, le volume serait de vingt-six ans antérieur au décret de Htaï-tjong ordonnant la fabrication de types mobiles en cuivre (voy. n° 759).

712. SUTRA PRONONCÉ SUR LE SIÈGE DE LA GEMME DE LA LOI par le sixième patriarche (*Ryouk tjo tai sa pep po tan kyeng*). Sûtra de Hoei-neng, rassemblé par son disciple Fa-hai. Préface de 1290. Très ancienne impression. Un volume in-8. Quelques feuillets réparés.

C. 3730.

D'après M. Courant, l'impression semble être du début du xivᵉ siècle.

712 bis. *Tong p'o kiû che mo miao.* Admirable texte du lettré retiré du monde Sou-Che, surnom Tseu-tchan, nom littéraire Tong-p'o. Manuscrit très ancien, portant la date de la 5ᵉ année Hi-ning (règne de Chen-tsong de la dynastie des Song = 1072). In-8 carré (Piqûres de vers). Couverture bois.

Cf. Mayers, I, 623. Cordier, 287. 1606.
Provient de Corée.

713. PLANCHES FIGURANT LES BELLES ACTIONS dues à l'observation des trois devoirs fondamentaux, le dévouement envers le prince, la piété filiale, la fidélité conjugale (*Sam kang haing sil to*). Texte sino-coréen avec traduction coréenne en marge. Préface de 1432. IMPRIMÉ EN 1434, par ordre du roi Syei-tjong, AVEC TYPES MOBILES EN CUIVRE. Illustré de 107 gravures. 3 volumes in-folio, en un carton.

C. 253, 298.

Ce vénérable ouvrage, imprimé en types mobiles à une date où l'imprimerie européenne en était encore aux planches de bois, est digne de figurer dans les collections des bibliophiles les plus délicats. Les artistes y chercheront, dans les planches, l'influence que l'art coréen a pu exercer sur les plus anciennes productions de la gravure en bois au Japon.

Cf. Bing, Japon artistique, tome V, page 10.

E. Satow, On the early history of printing in Japan (*Transactions of the Asiatic Society of Japan*. Vol. X (1882) :

« The earliest example of a Japanese illustrated book is a copy of the *Isè monogatari* of 1610, already refered to as a specimen of the *hiragana* books printed in movable types. The style, though undoubtedly Japanese, reminds us a little of the contemporary Chinese and Korean woodcuts. As an example of the latter, the illustrated history of Paragons of virtue, *Sam kang haing sil to*, of 1432 and the *Niryun haing sil*, of 1518, may be cited. »

M. Christian, dans ses *Origines de l'Imprimerie en France*, signale l'intérêt capital de cet ouvrage. « On y remarque, dit-il, des figures sur bois qui ressemblent assez exactement à certaines illustrations de livres imprimés à Lyon au xvᵉ siècle. »

곽거의어미상녜바볼
머러셔션머곤솓톨머
기러나막게머집도
며날오디가난줌거긔
내아두리어믜밥보아
스니무리돈거시마호해
거집시드러돈산호룰
자홀포니금혼가매나
니굴써이쇼지하돈히
효조락거둔주시구
의도안러말머사물도
가지디발막춘샤잇
더라

郭巨埋子 漢

713 *bis*. UN AUTRE EXEMPLAIRE également en 3 vol., imprimé avec d'autres planches dans la province de Kang-ouen vers 1550.

C. 3274.

Au vol. 11 les pages 23 et 24 ont été refaites à la main à une époque qui paraît ancienne.

713 *ter*. AUTRE ÉDITION : les 3 vol. réunis en un seul par le brocheur. Imprimée avec des planches différentes des deux précédents. Exemplaire assez fatigué, taches, mouillures, quelques pages usées à la tranche mais réparées.

714. PLANCHES FIGURANT LES BELLES ACTIONS dues à l'observation des deux relations sociales, les relations entre vieillards et jeunes gens, et les relations entre amis (*I ryoun haing sil to*). Cet ouvrage rédigé par ordre du roi Tjyong tjong, en 1518, fut gravé par ordre du gouverneur Ri Hyeng tja en 1550 (?). Un volume in-folio, illustré de 48 planches, avec traduction coréenne dans la marge supérieure.

C. 275, 278 et 3275.

OUVRAGE EXTRÊMEMENT RARE dont il n'est connu qu'un exemplaire en Europe, celui du British Museum.

715. SIAO HIO, accompagné de copieux commentaires (*Syo hak tjip syeng*). Préface de Tchou Hi. Gravé par ordre royal en 1444. 4 volumes in-folio, avec figures.

C. 2901 et 3270. — Cf. *Siao hio*. La Petite Etude, ou Morale de la jeunesse, traduite par C. de Harlez. (Paris, Leroux, 1889).

IMPRESSION TRÈS ANCIENNE. — EXTRÊMEMENT RARE.

716. *Tai poul tyeng ye rai mil in syou tjeung ryo eui tjye po tyei sal man haing syou reung em kyeng*. — Ouvrage bouddhique dont M. Courant (n° 2640) n'a pu déterminer l'équivalent sanscrit. 5 vol. in-folio, imprimés sur papier chinois, postface de 1401. Daté de 1457 (7° année Kin-tai des Ming).

717. LE LIVRE DES MILLE MOTS (*Tchyen tja moun*). Texte chinois et traduction en mandchou ; le coréen a été ajouté à la main, en rouge. Impression coréenne du XVI° siècle, extrêmement rare. Un volume petit in-8, incomplet à la fin.

C. 3256.

CE VOLUME PEUT ÊTRE CONSIDÉRÉ COMME UN EXEMPLAIRE UNIQUE. Il est cité parmi les ouvrages employés en 1469 dans les examens de mandchou et perdu depuis.

718. RECUEIL BOUDDHIQUE sous le titre général de *Keum Kang Kyeng*. 2 vol. pet. in-8, non paginés, avec quelques feuillets réparés, manuscrits ou tachés. Le 1er vol. contient notamment le livre sacré de l'arrivée à l'autre rive par l'intelligence pénétrante (texte de Kumarajiva) (*Courant*, n° 2630) ; des formules bouddhiques ; le livre sacré de la mer « hoa em » (*C. n° 2635*). Le 2°: le livre sacré du paradis occidental (*C. 2645*), le livre du lotus de la bonne loi (*C. 2647*). Chacun des volumes porte la mention « gravé en la 7° année Hong-tche » (1494).

TRÈS RARE.

Non décrit dans Courant.

719. RECUEIL DE TEXTES SANSCRITS (*Tjin en tjip*). In-8, frontispice, gravures et figures, quelques feuillets fatigués. Texte en chinois, coréen et sanscrit.

Débute par le « *poul tyeng sim hta ra ni kyeng* » (*dharani*), les moyens de guérir les maladies et faciliter les accouchements, les secours dans les dangers et les miracles. Suit le texte de l'ouvrage (80 f.).

Consulter pour références : C. n<sup>os</sup> 162, 2648 et 3734.

IMPRESSION TRÈS ANCIENNE, ornée de curieuses gravures sur bois. — Non décrit dans Courant.

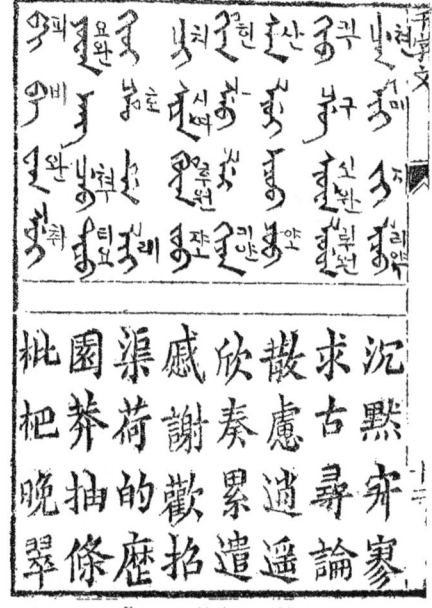

N° 717, en chinois et mandchou.

720. VOCABULAIRE CHINOIS-CORÉEN, PAR ORDRE DE MATIÈRES (*Ryou hap*), par le Chinois Ko Tcheng Tchang. Caractères chinois de 25 millimètres, suivis de la prononciation à gauche et du sens à droite, indiqués au moyen des lettres coréennes. Un volume in-4. (Très ancienne impression.)

C. 7.

721. Manuel en style moderne pour l'éducation des enfants (*Keum moun kyei mong*). L'ouvrage traite de la doctrine confucianiste, des principaux littérateurs, etc. ; il expose l'histoire générale du monde et l'histoire de la Corée depuis les origines jusqu'en 1392. Un vol. gr. in-8, gravé en grands caractères fort élégants.

C. 20.

722. Statuts fondamentaux du Gouvernement (*Kyeng kouk tai tyen*). Ouvrage composé sous Syei tjo, à l'imitation des rituels chinois des Tcheou, et achevé en 1471. Édition royale, en caractères mobiles, imprimée en 1481. 4 volumes in-4 (fatigués).

C. 1455, 3397.

723. Première Suite aux Statuts fondamentaux, contenant les lois nouvelles jusqu'en 1492. Préface datée de 1492. Un volume in-4.

C. 1456, 3398.

724. Nouvelle Suite aux Statuts fondamentaux, contenant les lois nouvelles jusqu'à 1543. Un volume in-4.

C. 1457, 3399.

725. Nouvelle édition des Statuts fondamentaux (*Syok tai tyen*), contenant l'ensemble de la législation de 1392 à 1744. 4 vol. pet. in-folio.

C. 1459, 3400.

726. Le livre des mille mots (*Tjyen tchyen tja*), imprimé en caractères sigillaires, dans l'île de Quelpart, au XVI° siècle. Un volume in-8 (feuillets remontés).

C. 2833. — Volume fort rare.

727. Cent pages tirées des cinq livres canoniques (*O kyeng paik hpyen*). Extraits des Cinq King chinois. Imprimé en superbes caractères de 25 millimètres de haut. 5 volumes in-folio.

C. 173.
Chef-d'œuvre de la typographie coréenne.

728. Le Hiao king (Livre Canonique de la Piété filiale), avec traduction coréenne : (*Hyo kyeng en kai*). Un volume in-folio, papier blanc. Sous chaque caractère du texte chinois se trouve la prononciation sino-coréenne.

C. 224.

729. *Kim si syei hyo*. La piété filiale de la famille Kim. Petit in-folio. Très belle impression, 9 gravures de scènes coréennes, texte chinois et coréen.

Non décrit par Courant.

730. *Sam kouk tji*. Histoire des trois royaumes. Préface de 1644, avertisse-

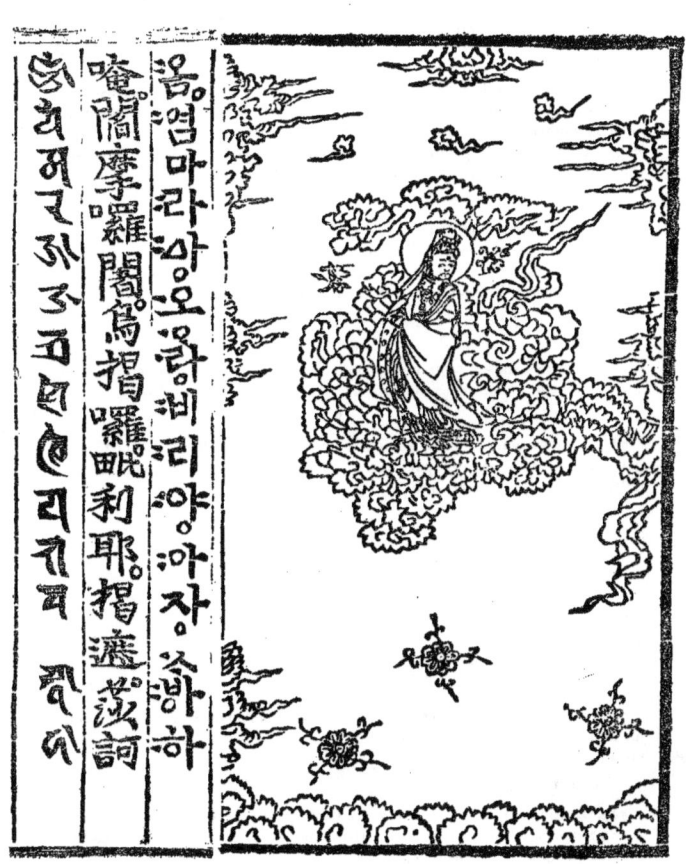

No 719, en chinois, coréen et sanscrit.

ment, table et 20 feuillets de gravures représentant les principaux personnages. Un volume in-8 (Il manque 2 vol. de texte).

Courant, n° 755.

731. *Myo pep ryen hoa kyeng koan syei eum po sal po moun hpeum* (en sanscrit: *Saddharma pundarîka sûtra avalokiteçvara bodhisattva samanta mukha-parivarta*). Chapitre sur le Samanta mukha du Bodhisattva Avalokiteçvara. Texte chinois et coréen. Cinq pages de figures et nombreuses illustrations. Gravé en 1697 à la bonzerie Sin-koang. 1 volume pet. in-8 (incomplet).

C. 3729.

731 bis. LA CHANSON DES ÉTOILES (*Po htyen ka*). Ouvrage étudié à partir du xv⁰ siècle pour les examens du Bureau d'astrologie. Y sont décrites en vers les vingt-huit constellations zodiacales, les trois enceintes boréales, les cinq planètes. Attribuée à Tan yuen tseu, de la dynastie des T'ang. Un volume in-folio, figures.

C. 2369.

732. DICTIONNAIRE PAR CLEFS avec prononciation coréenne des caractères chinois (*Tjyen oun ok hpyen*). 2 volumes gr. in-8.

C. 68 (II).

733. DICTIONNAIRE PAR RIMES, composé par ordre royal (*E tyeng kyou tjyang tjyen oun*). Chaque page est partagée en quatre bandes pour les quatre tons. Édition royale. Un volume in-folio.

C. 67 (IV).

734. NOTICE SUR KYENG TJYOU, l'ancienne capitale du royaume de Sin ra (*Tong kyeng tjap keui*). Préface datée de 1711. 3 vol. in-4.

C. 2292, 3654.

735. L'INTERPRÈTE PAK, nouvelle traduction (*Sin syek pak htong sa*). Nouveaux dialogues en chinois parlé, sur toutes sortes de sujets. Imprimé en 1765, à Hpyeng yang. Un volume petit in-folio.

C. 92.

736. L'ENFANT DE HUIT ANS (*Hpal syei a*). Texte mandchou avec prononciation juxtalinéaire en lettres coréennes et traduction. Impression en caractères mobiles de 1703. Un vol. in-folio.

C. 102.

737. EXPLICATION DE LA LANGUE MONGOLE (*Tchyep kai mong e*). Texte mongol avec prononciation juxtalinéaire en lettres coréennes et traduction. Planches gravées en 1737. 4 vol. in-folio (Très rare).

C. 138, 3262.

산록산이금갑야해다뜨
걸흘산산맥유앗영이못
내후막갹셔산이꾼리믓
와야비잣셔만옷쉰리큼이
홈홀옷을주어훌고겻이
시도러본오시섯예시믈
너를쫄리경이큐를압오
무산의믈도리라쓰주무
내병마니무와든녓자미
최산의쟝군소소명과채
가몬ᄐᆞᆷ고병이범닛ᄉᆞ호다
이구지조픠색퍼니걸옷ᄉ
와팔판히셔두어히이못
츅셔셔태쉬되오너베게

— 76 —

738. LE RO KEUL TAI, en mongol. Texte mongol avec transcription juxtalinéaire en coréen, et traduction. Planches gravées en 1741. Un volume in-4 (sur 8 publiés).

C. 128 et 3261.

739. VOCABULAIRE par ordre de matières, pour l'étude du chinois parlé (*Yek e ryou kai*). Chaque caractère chinois est suivi d'une double prononciation, celle de Péking et celle de Nanking, et d'une courte explication en coréen. Avec un supplément. Publiés en 1690 et 1775. 3 vol. in-folio.

C. 57, 58.

740. DIALOGUES EN CHINOIS PARLÉ (*Tjyoung kan ro keul tai*). A la fin de l'ouvrage, liste des fonctionnaires qui ont surveillé l'impression. Un volume in-folio.

C. 85.

741. HISTORIQUE DE LA BIBLIOTHÈQUE ROYALE (*Kyou tjyang kak tji*). Cette bibliothèque fut fondée en 1463, par le roi Syei tjo. Imprimé en caractères mobiles en 1776. Un volume in-folio.

Exemplaire provenant de la Bibliothèque royale de Séoul.

C. 1657-59.

742. LES ENSEIGNEMENTS MYSTÉRIEUX (*Pi mil kyo*). Texte trilingue, sanscrit, coréen et chinois, disposé sur trois colonnes. Prières en sanscrit et en coréen, avec notices et titres chinois. Calendrier religieux, etc. Préface de 1784. Un volume grand in-8, provenant de la bonzerie de Paik ryen.

C. 164, 3674, 3736.

743. LES PRÉCEPTES contenus dans le livre des prières aux huit esprits lumineux du ciel et de la terre (*htven ti hpal yang kyeng mil tjyen*). Texte chinois, avec version coréenne juxtaposée. 1 vol. grand in-8. Imprimé en 1791.

C. n° 2653.

744. RÈGLES FIXÉES PAR LA COMMISÉRATION ROYALE (*E tyeng keum syoul tyen tjeuk*). Imprimé par ordre du Roi. Ouvrage réglementant les pénalités et l'adoucissement des tortures. On y voit la figure des instruments de supplice : chaînes, cangues, planches, etc. Postface de 1777, signée Hong Kouk Yeng. Un volume in-4.

C. 1790, 3435.

745. *E tyeng tchi ouen tyo ryei*. Règlement des compositeurs royaux, imprimé par ordre royal, en caractères mobiles, 1778, 1 vol. in-4.

Non décrit dans Courant.

746. TRAITÉ COMPLET DE L'ART MILITAIRE, composé par ordre royal (*E tyeng*

길분의아비쳘은죄도가  
텃거늘길분이엿다소러  
니길남애울며지생어날  
ᄒ거든본사ᄅᆞ미다눈을지  
더니길분이불티고아비감  
시죽거졍이다ᄒᆞ야날화례  
나톰다이너기사자퇴를시  
노미ᄆᆞ친가ᄒᆞ샤뎡위ᄂᆡ술  
ᄒ채범모ᄒᆞ야거티며달애  
어말밧타ᄒᆞ시ᄂᆞᆫ법되거  
려우부터아비갑새주기라  
ᄒ시니쳥히주글다뉘우거  
ᄒ면도토아니주그리라  
ᄒ대뎌답호ᄃᆡ비록어려  
도주구미거픈고돌알  
건만셔비주구믈몯ᄎ  
아ᄒᆞᆯ농이다ᄒᆞ야ᄂᆞᆯᄲᅢ되

*pyeng hak htong*). Préface en caractères cursifs composée par le roi Tjyeng tjong. Publié en 1785. 2 vol. in-4.

Sceau de la bibliothèque royale en rouge.

747. — Le même ouvrage. Autre exemplaire (mouillures). En 1 vol.

C. 2465.

748. Principes de l'art de la guerre (*Mou kyeng tjyel yo*). Manuscrit petit in-folio, illustré de nombreuses figures : formations de combat, machines de sièges, engins, brûlots, bateaux de guerre, bouées, animaux et oiseaux employés pour porter l'incendie, fusées, pots à feu, armes, etc.

Non décrit dans Courant.

749. Les trois épitomés de l'art militaire, avec additions (*Sin kan tjeung po sam ryak*). Texte chinois et traduction coréenne, avec commentaires chinois de Lieou Yin. Principes du commandement des troupes. Exemples tirés de la vie des trois Empereurs. Considérations sur la guerre. Un volume petit in-folio.

C. 2443.

750. Historique de l'art de la guerre, composé par ordre royal (*E tyeng mou vei to po htong tji*). Armement, exercices militaires, escrime au sabre et à la lance. Figures au trait finement gravées. Impression du xviii$^e$ siècle. 2 vol. pet. in-folio.

C. 2467.

751. Connaissances nécessaires aux officiers (*Oui tjyang hpil ram*). Ouvrage composé par le roi Yeng tjong sur le modèle du *Teng than pi kieou*, chinois. Un volume in-4.

C. 2459.

752. Histoire des généraux célèbres de la Corée (*Hai tong myeng tjyang tjyen*). 3 vol. pet. in-folio (Belle impression).

C. 1926.

753. Culte du dieu de la guerre (*Koa hoa tjon sin*). Où la religion passe, elle développe la civilisation ; où elle reste, elle développe la sainteté. Texte chinois précédé du décret du dieu de la guerre en chinois et en coréen ; traité des enseignements ; les saintes instructions pour l'adoration sincère. Un volume in-12.

C. 2616.

754. Collections des rites de district (*Hyang ryei hap hpyen*). Édition de 1797. 2 volumes in-folio. Impression en caractères mobiles.

Le rite des libations. — Le rite du tir à l'arc et les associations de district. — La prise de la coiffure virile et le mariage.

C. 1057.

755. Rites observés lors de l'achèvement des travaux de la forteresse de Syou-ouen. 87 feuillets de peintures exécutées pour le Palais à la fin du xviii° siècle et représentant la forteresse, les fêtes, les danses, etc. On y voit dans une marge la signature d'un prince héritier. En un album de format in-folio.

Comp. C. 1299 et 3390. Planches reproduites dans le tome III de la Bibliographie coréenne (n°ˢ VI, VII, VIII, IX et X), plus 22 feuillets de texte coréen.

756. Cérémonial de l'achèvement des travaux de la forteresse de Syou-ouen (*Hoa syeng syeng yek eui kouei*). Impression en caractères mobiles de 1800. Un volume in-4.

Ce volume ne comprend que les planches de l'ouvrage, planches de la plus fine exécution, et du plus grand intérêt pour l'étude de l'architecture militaire et des arts mécaniques en Corée. Vue générale de Syou-ouen ; portes et murailles ; palais ; autels ; détail des murailles ; coupes ; élévations ; machines ; fêtes données à Syou-ouen.

C. 1299, 3389.

757. Abrégé des registres généalogiques de la maison royale (*Syen ouen hyei po keui ryak*). Origine de la maison royale, table des noms des Rois, historique, table de leurs ancêtres. Complet en 1 vol. pour un ouvrage qui peut en avoir 8, les 7 autres étant consacrés à la descendance de chacun des Rois. Préface de 1783, 1 vol. in-4.

C. 1910.

758. *Tchyoun tchyou tja si tjyen*. Commentaire de Tso sur le *Tchouen-tsieou* (Le printemps et l'automne ou les Annales du Royaume de Lou). Auteur : Tso Kieou Ming, préface de Tou-yu ; avertissement, tableaux, index, etc. A la fin : liste de la commission de publications et historique détaillé des caractères mobiles. 17 vol. in-folio. Superbe impression royale, sur très beau papier, de 1796.

Courant n°ˢ 198 et 3265.

759. Les caractères mobiles en cuivre (*Saing saing tja po*). Les types mobiles furent fabriqués en Corée par un décret Royal de 1403. De nouvelles fontes furent faites en 1420, en 1434, en 1452, etc. En 1794 on grava en même temps trois cent vingt mille poinçons en bois qu'on appela : « caractères capables de reproduire indéfiniment » (*saing saing tja*). Un volume pet. in-folio (mouillures dans la marge supérieure), imprimé en 1794.

C. 1674 et 3429.

760. Le livre sacré où Buddha recommande de témoigner une reconnaissance profonde au père et à la mère. Texte chinois avec commentaire ; transcription en sino-coréen et explication en coréen. Impression de 1796. Un vol. in-4, 12 grav. (quelques taches).

C. 2650.

761. LE LIVRE SACRÉ DE L'ARRIVÉE A L'AUTRE RIVE par l'intelligence pénétrante (*Keum kang pan ya hpa'ra mil kyeng*) en sanscrit : *Vajrachedikâ prajnâ paramitâ sûtra*). Ouvrage bouddhique en chinois, avec traduction coréenne juxtalinéaire. Impression de 1796. Un volume petit in-folio, 3 planches, couverture en soie brochée.

C. 2629, 2636, 3723.

762. LE LIVRE SACRÉ DU PARADIS OCCIDENTAL (en sanscrit : *Sukhâvatî vyûha sûtra*). Quatre planches représentant trois Buddhas, le bonze Tchi hiu, une divinité guerrière, une tablette votive, une notice explicative sur ce sûtra, deux feuilles de prières et invocations en sanscrit, avec transcription coréenne juxtaposée. Un volume in-4.

C. 2645.

763. LES LIVRES SACRÉS DU SECRET DU CŒUR, donnés en songe par le Dieu de la littérature. Ouvrage taoïste comprenant neuf livres sacrés, avec un commentaire. Un vol. in-4. 6 pl.

C. 2603.

764. COMPOSITIONS EN VERS ET EN PROSE de Tchou Hi. Préface de 1799, composée par le Roi et Avertissement renfermant un historique des caractères mobiles qui ont servi à l'impression de l'ouvrage. 2 vol. gr. in-4.

C. 455 et 3293.
Exemplaire portant le sceau en rouge de la Bibliothèque royale de Seoul.

765. PRINCIPES DES RITES FUNÉRAIRES (*Sang ryei pi yo*), par Sin Eui Kyeng, gravé à Tai kou, en 1812. Planches : Chapelle de la tablette, disposition des mets offerts en sacrifice, vêtements de deuil, chaises, catafalque, masques pour le convoi, stèles pour inscriptions, etc. 2 vol. en un, in-4 illustré.

C. 1073, 3382.

766. CÉRÉMONIES DU BANQUET ROYAL (*Tjin tchan eui kouei*). Ouvrage composé à l'occasion des fêtes données au Palais en 1839. Un volume de planches, dessinées et imprimées avec une grande netteté. Format in-folio.

Vues de la salle, banquets de jour et de nuit, danses exécutées par les danseuses du palais, les vases, fleurs, coupes, flambeaux, lanternes, pavillons et drapeaux, instruments de musique, costumes, etc.

C. 1305, 3391.

767. CÉRÉMONIES DU BANQUET ROYAL. 4 volumes in-folio, gravures sur bois finement exécutées. Fêtes de 1887.

C. 1305-6-7.

768. *Tchyek sya ryoun eum*. Édit contre les mauvaises doctrines (le christianisme). Textes chinois et coréen, 1839. 1 vol. pet. in-folio.

Courant, nos 1481 et 3406.

769. DICTIONNAIRE EXPLICATIF PAR RIMES, donnant les prononciations chinoise et coréenne correctes (*Hoa tong tjyeng eum htong syek oun ko*). Gravé en 1841. Un volume gr. in-8.

C. 63.

770. LE LIVRE DES MILLE MOTS (*Tchyen tja moun*). Caractères sigillaires et caractères cursifs (ceux-ci en blanc sur fond noir). Reproduction exécutée à You tong en 1847 de l'édition de 1597.

C. 3 et 5.

771. LE LIVRE DES RÉCOMPENSES ET DES PEINES (*Htai syang kam eung hpyen*). Texte chinois accompagné de la traduction coréenne. Ouvrage illustré (205 pl.), imprimé à Seoul en 1852. 5 volumes in-4.

C. 2590(11).

772. *Tong tjyo htan tjin kaing tjai si.* Vers composés sur des rimes données à l'occasion de la naissance du Roi (1854). Imprimé en caractères mobiles. Un volume petit in-folio.

Non décrit par Courant.

773. POÉSIES POPULAIRES, en chinois (*Syo tai hpoung yo*). Impression en types mobiles de 1858. Préface datée de 1737. 2 vol. in-4.

C. 354.

774. OUVRAGE BOUDDHIQUE contenant la traduction chinoise du texte sanscrit *Buddha bhâsitamitâyurbuddha dhyâna sûtra*. Par le bonze Kâlayaças. Douze feuillets de planches, représentant le Buddha et différentes scènes. Liste des seize contemplations. Préface datée de 1425. Un vol. in-4 (Réimpression de 1854).

C. 2641 ; Wylie, p. 164.

775. *Keum kang kyeng htap* « le Stûpa du Vajracchedika prajna paramita sutra » imaginé au x$^e$ siècle par le bonze Manjuçri, a été apporté de l'Inde et gravé sous les Song. Imprimé en 1871. — On y a joint un dessin représentant le Tathâgata Buddha.

Bibliog. coréenne n° 2630 (11).

776. DICTIONNAIRE PAR CLEFS (*Tjyen oun ok hpyen*). Pour chaque caractère, on trouve la prononciation coréenne, l'explication du sens en chinois et la rime à laquelle il appartient. Édition royale. Imprimé en 1879. Un volume in-folio.

C. 68(1).

777. LE LIVRE DES RÉCOMPENSES ET DES PEINES, texte chinois accompagné de la traduction coréenne (*Htai syang kam eung hpyen*). Édition de 1880. 5 volumes in-4, avec 205 planches, en un *t'ao*.

C. 2590(1).

778. Chanson sur la ville de Seoul (*Han yang Ka*) (en coréen). Gravé en 1880. Un volume in-4.

Courant n° 2244 *bis*.

Poème composé en 1844 par un lettré de Han san. L'auteur chante les montagnes et les fleuves de la capitale et des environs ; il énumère les palais et les magasins royaux ; il décrit les fonctionnaires et leur costume, les soldats, les marchands ; puis les promenades, le cortège royal, les examens, etc.

779. *Tchyek sya ryoun eum*. Édit contre les mauvaises doctrines (le christianisme). Texte chinois et coréen, 1881. 1 vol. grand in-8.

Non décrit par Courant.

780. Le livre sacré d'Amitabha (en sanscrit : *Amitáyus sútra*) Planches représentant le Bouddha, deux scènes bouddhiques, une tablette votive. Gravé en 1881. Un vol. gr. in-8, en 2 parties.

C. 2644 ; Wylie, p. 164.

781. Le livre sacré de la sainteté éclatante et des manifestations miraculeuses du dieu de la guerre (*Ko poul eung em myeng syeng kyeng*). Ouvrage taoïste consacré à l'histoire du dieu de la guerre. Un volume in-4, de 1883.

C. 2599.

782. Dictionnaire par clefs avec prononciation coréenne des caractères chinois (*Tjyen oun ok hpyen*). Édition reproduite à Changhaï en 1890 par la phototypie. 1 vol. in-12.

Courant 68 (11).

783. *Tchyeng yang kak sa haing ha ryei mok sin tyeng tjyel mok*. Règles nouvellement établies pour les présents de toiles de coton faits par divers mandarins du district de Tchyeng-yang (province de Tchyoung-tchyeng). 1 vol. pet. in-folio, imprimé en 1893 avec les caractères mobiles du grand Conseil d'État.

Non décrit par Courant.

784. Histoire de Corée (*Tjyo Syen ryek sa*). 3 vol. gr. in-8. Édition de 1895.

C. 3448.

785. Histoire abrégée de la Corée. Édition de 1895 en coréen (caractères chinois et *en-moun*). Un volume in-4.

C. 3449.

786. Code de la dynastie des Ming (*Tai myeng rvoul kang kai*). Lois et règlements, avec explications. 3 vol. in-4.

C. 1778.

787. *Tai han hyeng pep*. Lois pénales de Corée (nouveau Code élaboré par M. Crémazy, conseiller légal du gouvernement coréen et promulgué au *Journal Officiel* de Seoul le 29 mai 1905). 1 vol. in-4.

Non décrit dans Courant.

# GRAVURES CORÉENNES

788. *Tjyoung kouk tong kouk ko keum ryek tai to.* Tableau des différentes dynasties en Chine et en Corée depuis l'antiquité jusqu'à nos jours et autres pièces (Bibliog. coréenne, n⁰ˢ 1, 1892, 2354, 2426). — 21 pièces dont : 7 calendriers coréens pour 1891. — 11 syllabaires coréens en noir et en couleurs. — 3 feuilles gravures.

789. 45 pièces, dont : 25 grandes et 8 petites formules d'invocation et d'exorcisme destinées à être placées dans les cercueils, quelques-unes avec caractères sanscrits (Courant n° 2673). — 11 exemplaires du dessin de la vraie figure des 5 montagnes sacrées des livres taoïstes (Courant n° 2622 (fig.). — 1 charme contre les trois fléaux (Courant n° 2427 (fig.).

# CARTES SINO-CORÉENNES

Les documents cartographiques coréens sont à peu près inconnus en Europe.
M. Henri Cordier, membre de l'Institut, publia, en 1896, la *Description d'un Atlas sino-coréen*, manuscrit du xviii⁰ siècle, conservé au British Museum. Un volume in-folio (Paris, Ernest Leroux, éditeur). Dans l'Introduction qui précède la description de l'Atlas, il insiste sur l'extrême rareté des cartes sino-coréennes. « Les documents de la nature de celui que j'ai l'honneur de mettre aujourd'hui sous les yeux des géographes, dit-il, sont fort rares, et dans l'espèce celui du Musée britannique est unique. »

790. ATLAS DE LA CHINE et de la Mandchourie (*Ye ti yo ram*). Manuscrit colorié de la première moitié du xviii⁰ siècle. 2 vol. gr. in-8.
   C. 3634.
   I. Carte du monde, Mandchourie, Tcheli, Chan-tong, Ho-nan, Kiang-nan, Tcho-kiang. — II. Yunnan, Kouei-tchéou, Chan-si, Chen-si, Kouang-tong.

791. ATLAS MANUSCRIT colorié (xviii⁰ siècle). Un vol. in-8, renfermant 12 cartes. Cartes du monde, de la Chine, et des huit provinces de la Corée, avec légendes.
   Courant 3631.

792. ATLAS CORÉEN sans titre. — 11 cartes coloriées de la Corée, plan de Seoul, des environs de Seoul et de chacune des 8 provinces. Non daté. In-4°.
   Non décrit dans Courant.

793. *Rieng ya to*. Carte à grande échelle du littoral (Sud et Est) de la province de Kyeng-syang. Manuscrit colorié.
   Non décrit dans Courant.

794. DEUX ATLAS CORÉENS sans titre. Non datés. 7 cartes : Océanie. — Amériques du Nord et du Sud. — Afrique. — Europe. — Asie. — Planisphère. — 8 cartes de la Corée. — Plan de Seoul. — Environs de Seoul. — 2 vol.
   Non décrit dans Courant.

795. DIX CARTES manuscrites de la province de Hpyeng-yang et de la frontière septentrionale de la Corée. Cartes à grande échelle, coloriées. Une liasse.
   Non décrit dans Courant.

796, 797. PLANISPHÈRE SINO-CORÉEN, non daté, comprenant l'Europe, l'Asie et l'Afrique (Courant, n° 3628). — MAPPEMONDE, non datée, indiquant l'Amérique, la Nouvelle-Hollande, etc. (Courant, n° 3629).

798. Cartes coréennes manuscrites et imprimées. Une liasse. Grand plan de Séoul (C. 2207); plan de la principale salle du palais à Séoul (C. 2187); cartes de la Corée, de la Chine, du Japon, des îles Lieou-khieou (C. 2187); planisphères et mappemondes (C. 3628, 3680, 3629); planisphère céleste (C. 3679); rose des vents (C. 3680), etc.

# OUVRAGES ILLUSTRÉS
## ET ALBUMS DE LA CHINE

799. *Hoang thsing tchih koung thou.* PORTRAITS-TYPES DES POPULATIONS TRIBUTAIRES DE L'EMPIRE CHINOIS, avec des notices sur chacune d'elles. Édition de 1761, en 9 livres et 9 chapitres. 9 *pèn* en 1 *tao*.

BEL EXEMPLAIRE DE CET OUVRAGE PRÉCIEUX ET RARE. Voy. Catalogue de la bibliothèque de M. G. Pauthier (Paris, Leroux), où l'ouvrage fut vendu 1 100 francs.
Les planches relatives aux aborigènes de Formose ont été reproduites dans l'ouvrage de M. Imbault-Huart sur l'île de Formose. Paris, Leroux, 1893.
M. Devéria (La Frontière Sino-annamite, Paris, Leroux, 1886) a traduit les chapitres concernant les peuplades voisines du Tong-King, et en a reproduit les gravures.
Voir également « Quelques observations au sujet du sens des mots chinois Giao chi » par Des Michels (Recueil de textes et traductions publiés par les professeurs de l'École des Langues orientales, tome I$^{er}$, p. 287, Paris, Leroux, 1889), — et « Les peuples orientaux connus des anciens Chinois », par L. de Rosny, 2$^e$ édition, Paris, Leroux, 1886.

800. *Kiai tseu yuen hoa tchoan.* Recueil de dessins du jardin Kiai tseu. Planches en noir et en couleurs. L'ouvrage est de 1679. 4 vol. (2, 3, 4, 5), (manque le 1$^{er}$ vol.), quelques feuillets réparés ou déchirés en partie.

Courant, liv. chin. 5526.

801. *Pi touan san mei.* Poésies du temps des T'ang, accompagnées de grandes illustrations gravées en noir, montées sur carton, en un album in-4°, couverture en bois (raccommodages à quelques pages du texte et des planches).

802. *T'ang che hoa pou.* Dessins et poésies de l'époque des T'ang. Chaque poésie est accompagnée d'une grande composition gravée en noir et occupant toute la page qui lui fait face. 3 *pèn* de format in-4 (quelques raccommodages).
— Un des volumes est monté sur carton.

803. *T'ang leou jou hoa pou.* Recueil de poésies et de gravures sur les six similitudes de la vie (de l'époque des T'ang). Un *pèn* in-4° (Les planches ont été coloriées).

804. *San ts'aï t'ou hoei.* Planches explicatives des trois Pouvoirs, ciel, terre, homme, qui sont supposés régir l'univers. — Livre des oiseaux. — Livre des bêtes sauvages et des animaux fabuleux. — Livre des pétrifications, des

pierres, des monnaies, des médailles, avec les figures des constellations, etc. Ensemble 3 volumes copieusement illustrés, gravures en noir.

805. *Che tchou tchai mo hoa.* Recueil du Pavillon des dix bambous. Illustré d'estampes en couleurs d'après les peintres connus avec légendes calligraphiées 4 vol. pet. in-8.

Courant, livres chinois 5525.

806. Le même recueil. 8 vol. in-8, figures en couleurs. Édition moderne.

807. ESTAMPES en couleurs, accompagnées de poésies (du Recueil du Pavillon des dix bambous). Impression ancienne. 3 vol. in-8. (Très rare.)

808. DOUZE ESTAMPES en couleurs, illustrant des poésies. Impression ancienne. 1 vol. in-8. (Très rare.)

809. LE PARC IMPÉRIAL DE JE-HOL. Suite de 28 gravures sur cuivre, gravées au XVIII$^e$ siècle, sous la direction des Jésuites, et représentant les divers aspects du Parc impérial. Série rare. (Quelques planches en double, quelques piqûres de vers.)

810. *Ling mao p'ou.* Recueil d'oiseaux et de plantes. Estampes en couleurs. Tirage ancien. 1 vol. in-8.

Courant, liv. chin. 5528 (Ill).

811. *Hong siue yin yuan t'ou ki.* Recueil célèbre de peintures dues au père de Tchong-heou. Gravures en noir, 1880, 6 vol. in-12, entre 2 planchettes.

812. *Ouan-cheou-cheng-tien.* Description de Pékin pendant la célébration du 60$^e$ anniversaire de la naissance de l'Empereur K'ang-hi. Photolithographié par l'administration du journal « Chen-pao ». *Shanghai*, 1879 (5$^e$ annéeKouang-Siu), 4 vol. in-12.

Reproduction de l'édition princeps de 1713 (52$^e$ année K'ang-hi).

813. GUERRE DE CHINE. Conflit franco-chinois en 1884. Documents illustrés de l'époque. Imagerie populaire chinoise (pièces en couleur). Une liasse.

814. *Mo che tsi hoa pao.* Le premier journal illustré chinois, depuis l'origine, 1884. 15 vol. in-8°, couvertures soie.

Très nombreuses illustrations, presque à chaque page, où l'on peut suivre l'évolution de l'art et des mœurs en Chine, durant les dernières années du XIX$^e$ siècle.

815. *Fang che mo pou.* Recueil d'objets d'art anciens. Premier vol. seul, 1 pèn pet. in-folio, nombr. gravures.

816. *Tch'eng yeou po mo san.* Recueil d'objets d'art. 1 vol. contenant des fragments de l'ouvrage, petit in-folio, nombr. figures.

817. *Ki kin tche tsouen.* Traité des objets de bon augure en métal (monnaies,

vases, miroirs, cachets, etc.). Texte et gravures, par Li Koang-t'ing, avec postface de 1859, 4 pèn in-8°, en une boîte.

Courant. Catalogue des livres chinois, 1163.

818. *Tsien-tche-sin-pien.* Nouveau traité descriptif des monnaies et médailles chinoises recueillies par Tchang-Tsong i. 2ᵉ édition publiée par Y chan, en l'année 1830 (10ᵉ de Tao-Koang). 20 livres en 4 pèn in-4.

La 1ʳᵉ édition a été publiée en 1827 (6ᵉ année de Tao-Kouang).

819. *King ting tsien lou.* Description avec gravures d'anciennes médailles chinoises du Cabinet de l'Empereur Kien-long. Impression du xviiiᵉ siècle, 16 livres, en 4 pèn in-8, en une boîte.

Rare, d'après le catalogue Callery (n° 99). — Cat. Courant, 1144.

820. Monnaies chinoises très anciennes. 1 pèn illustré, gr. in-8.

821. *Yu-tche-nong-sang-t'ou.* Traité d'agriculture et de sériciculture avec planches, édité par ordre impérial. *Shanghai* (1879). Réédition de l'édition de 1696. 2 pèn en 1 volume gr. in-8, papier blanc.

822. Principes de sériciculture, 1884, 1 vol. in-8, illustré.

824. *Ta tsing Kia k'ing sse nien che hien chou.* Calendrier de la 4ᵉ année Kia-k'ing (1799), 1 pèn. Un des 100 exemplaires remis par l'Empereur de Chine à l'envoyé coréen.

Provient du bureau d'astrologie à Séoul.

Voir P. Hoang, de Calendario sinico, p. iv. — Courant, 2354.

Cf. Hager, Magasin encyclopédique, frimaire an 11, n° 13, d'après la brochure publiée en 1802, à Nuremberg, par M. Murr, sur le calendrier de la 1ʳᵉ année Kia k'ing.

825. Le Saint-Édit de l'empereur K'ang-hi. *Changhai*, 3ᵉ mois, 9ᵉ année de T'ong-tche (avril 1870), 1 pèn.

826. *Kin Kang pan jo po lo mi king* (Vajracchedika prajna paramitâ sùtra). Ouvrage bouddhique. In-folio, illustré.

Courant. Liv. chinois, 5728.

827. *Nan wou lien tch'e hai hoei to p'ou sa.* Ouvrage bouddhique. Daté de la 3ᵉ année Kia-k'ing (1798). En tête un grand frontispice : l'adoration et l'argumentation du Bouddha. In-folio, cartonné.

828. *Choe fou.* Recueil de morceaux divers. En 100 livres, 1 pèn (29ᵉ).

V. Bib. coréenne, p. ccix, tome I.

829. *Ts'ing wen pou wei.* Dictionnaire mandchou-chinois formant suite au *Ts'ing wen houei chou.* 8 volumes in-8.

Cf. Möllendorff, Essay on manchu literature, n° 40.

830. *K'ang hi tseu tien.* Dictionnaire de K'ang-hi. Réimpression très nette, relié entre planchettes, en un vol. in-8.

## MANUSCRIT JAPONAIS

831. Discours sur les moyens d'établir la justice et d'assurer la paix au royaume (*Ritsu sei an koku ron*) composé en 1260 par le célèbre bonze japonais Nichiren, fondateur de la secte Hokke-shu. Dans cet ouvrage, il discute les principes propres à la réalisation du but à atteindre, se livre à de violentes attaques contre les autres sectes bouddhiques et va jusqu'à prédire l'invasion des Mongols. Format in-folio. Manuscrit japonais très soigné en belle écriture, avec filets dorés, couverture et enveloppe en soie brochée, tissée d'or.

## ESTAMPES ET ALBUMS DU JAPON

832. Affiches de théâtre, en noir, de l'atelier des Torii, et autres pièces. Un album de grand format. Début du XIXe siècle.

833. La mangwa d'Hokusai. Tomes XIII et XIV en bon tirage à deux tons.

834. Tenkin orai d'Hokusai. Figures noires. Edition de 1829, 1 volume. — San tai gwa fou (incomplet), 1 volume. — Ouvrages divers d'Hokusai en retirage. — Ye hon Kokio, 2 vol. — Douze vues du Foudji, 1 volume.

835. Keisai yeisen. *Oukiyo gwa fou.* Planches à deux tons, 1 vol. in-8. — Shighénobou. *Kiokka momo shi dori.* Planches en couleurs, 1 vol. in-8.

836. Album de sourimonos, par Hokusai, Hokkei, Shighénobou, Outamaro, etc., 40 pièces, format carré.

837. Dix sourimonos à personnages, de Kounisada. Planches à rehauts métalliques. Un album de format carré.

838. Un album de dessins en noir, d'après Hokusai et autres artistes. Format oblong.

839. Les merveilles de l'île de Yezo (*Yezo shima kikwan*), par Shin Okumaru, 18 planches coloriées à la main, accompagnées d'un texte. — Le sacrifice de l'ours (*Kuma matsuri no zu*), par Shin Okumaru, 5 planches coloriées. En un volume gr. in-8, non daté.

Toutes ces planches, d'une exécution très soignée, sont d'un intérêt exceptionnel et constituent de véritables documents ethnographiques sur les Aïnos.

840. FAUCONNERIE. 9 ouvrages japonais illustrés, dont deux manuscrits. Formats divers et 1 estampe en hauteur.

841. UNE CENTAINE d'estampes, dont une de Yeishi, trois d'Outamaro, les autres de Toyokouni, Kounisada, Yoshitara, etc. Sujets variés : les Ronins, défilés de troupes, scènes dans le palais impérial, acteurs, etc.

842. CARICATURES, scènes grotesques, jeux d'enfants, batailles de gens du peuple, concours de peinture, concerts d'amateurs, un bain de femmes, batailles de femmes nues, pétomanie, etc. Planches collées au recto et au verso d'un album in-4.

843. VUES DE YÉDO, par Hiroshighé. — Acteurs par Kouniyoshi, Kounisada. — Scènes de drames, 140 planches au recto et au verso. En un album in-4.

844. COMBATS et scènes de drames par Kouniyoshi et autres ; illustrations du *Genzi monogatari*; scènes et paysages par Hiroshighé et autres. Défilés de troupes, etc., 150 planches collées au recto et au verso. Album in-4.

845. TROIS ALBUMS de grand format contenant environ 300 planches par Hiroshighé, Kouniyoshi, Kounisada et divers artistes de l'atelier des Outagawa.

846. TROIS ALBUMS de grand format. Estampes de Toyokouni, Kounisada, Kouniyoshi, planches consacrées aux étrangers au Japon, bain de femmes, etc.

847. QUATRE ALBUMS de grand format. Impressions d'Osaka, scènes modernes, etc. — Une série de pièces consacrées aux étrangers au Japon montées en Makimono.

L'album A contient des planches d'obstétrique et de chirurgie dentaire.

848. LES CINQUANTE-SIX VUES du Tokaido, par Hiroshighé II. Tirage moderne. Un album.

849. HUIT ALBUMS de Kiosai, Planches en couleurs de formats divers.

850. SIX ALBUMS JAPONAIS modernes.

851. LA RÉVOLUTION AU JAPON. Série de grandes compositions relatant les événements de 1867 : la lutte entre l'ancien et le nouveau régime, les premiers uniformes remplaçant ceux de la féodalité, les conseils de guerre, les combats, le triomphe de l'armement moderne et de la tactique nouvelle. Une quarantaine de planches en un bel album de grand format in-folio oblong, couverture en soie.

# SUPPLÉMENT

## PEINTURES CHINOISES

852. Tableau des cent enfants du roi Wen-Wang, fondateur de la dynastie des Tcheou, au xii° siècle avant l'ère chrétienne (*Wen wang po tseu t'ou*). Par le peintre Sou Han-tch'en, de l'époque des Song. Un long rouleau peint sur soie, représentant cent jeunes enfants s'ébattant dans un parc ou sur les eaux d'un lac et jouant aux jeux les plus variés. Monture moderne en soie.

Voilà peut-être la plus charmante peinture d'enfants que l'art chinois ait produite. Ils sont là, les cent enfants du roi, au milieu d'un grand parc, où coule un ruisseau ombragé de grands saules, décoré de rochers et de grottes pittoresques. Ils s'ébattent et forment des groupes pleins de gaîté, de mouvement et de vie. Chaque bambin mérite d'être examiné longuement : le petit garçon traversant un pont, soutenu par un grand frère, le gamin si bien campé sur la balançoire, le petit cavalier sur un cheval de bois, les joueurs de gô, les enfants dans la grotte, le petit qui si gentiment pêche à la ligne, le groupe de ceux qui poussent une voiturette, les vaillants qui se baignent ou qui se hissent dans des barques parmi les nénuphars, les grands sur les terrasses, se préparant à quelque chef-d'œuvre de calligraphie, les mélomanes jouant du *k'in*, et, plus loin, près du bois de bambous, le petit garçon qui se jette dans les bras de sa sœur, en lui racontant quelque méfait d'un méchant camarade, puis les poissons rouges, les lutteurs, le colin-maillard, si vrai d'attitudes et de mouvements ! Tout est à louer dans cette œuvre délicate du vieux peintre des Song.

La peinture, qui porte, visible dans l'angle inférieur de gauche, le nom de l'artiste, *Han-tch'en*, est précédée ou suivie de treize notices contenant l'éloge du peintre et de son œuvre, ou la simple mention de l'examen qui en a été fait par les signataires. Elle a été réappliquée au xix° siècle, dans un nouvel encadrement de papier et de soie, une des anciennes notices se trouvant, pour ainsi dire, sertie dans la monture moderne.

Le *Yu-ting P'ei-wen-tchai chou houa p'ou*, grand recueil historique sur l'écriture et la peinture chinoises, composé par ordre de l'empereur K'ang-hi et précédé d'une préface de sa main, datée de l'année 1708 (voir catalogue de la vente Pauthier, n° 149), fournit sur le peintre Sou Han-tch'en les détails suivants (livre 51, page 33, *verso*) :

« Sou Han-tch'en était un homme de K'ai-fong, la capitale de la province actuelle du Ho-nan, qui fut nommé par l'empereur membre de son Académie de peinture, fondée pendant les années *Siuan-ho* (1119 à 1125). Il avait eu pour maître Lieou Tsong-kou (autre artiste célèbre, d'après le même ouvrage, par ses représentations de personnages et d'animaux, ses paysages et ses tableaux bouddhiques, liv. 51, page 32, *recto*). Dans la peinture des personnages religieux du Bouddhisme et du Taoïsme, il atteignit à un art admirable, mais *il excella plus encore dans la représentation des petits enfants*. Durant la période *Chao-hing* (1131 à 1162, époque des Song méridionaux), il fut de nouveau pourvu de fonctions administratives et, pendant les années *Long-hing* (1163 et 1164), il se mit à peindre des tableaux bouddhiques, qui eurent l'approbation du souverain et lui valurent une promotion aux fonctions de *tch'eng-sin-lang*, « investi de la confiance de l'État ». Ces détails sont extraits du *Précieux miroir de l'art du dessin* (*T'ou houei pao kien*).

853. TABLEAU DES JOIES DE LA VIE DES PÊCHEURS (*Yu kia lo t'ou*). Par le peintre Ts'ien Kong, de Hou-tcheou-fou. Un rouleau peint sur papier représentant des pêcheurs réunis en famille, dans leurs barques, sur le bord d'un lac et prenant leur repas avec allégresse, tandis que d'autres barques se hâtent de venir les rejoindre. Monture en soie.

La grande collection impériale chinoise relative à l'histoire des peintres et des calligraphes nous apprend que Ts'ien Kong était un artiste du pays de Wou (province de Nankin) et qu'il avait pour surnom Ts'ang-tcheou. Elle le classe parmi les peintres de la dynastie des Ming, période *Wan-li* (1573 à 1619), et ajoute qu'il excellait « dans la représentation de l'homme ou des animaux et dans le paysage » (livre 57, du *Yu-ting P'ei-wen-tchai chou houa p'ou*).

854. QUATRE KAKÉMONOS représentant des scènes, finement dessinées et peintes, empruntées au célèbre roman chinois intitulé *Hong leou mong*, ou « Le Songe du pavillon rouge ».

Le printemps. Pao-yu, le jeune héros du roman, et une dame qui balaie les pétales roses et blancs tombés d'un pêcher, dans un parc où d'élégants pavillons dressent leurs toits multicolores parmi les arbres en fleurs.

L'été. Charmant paysage, décoré de grosses pivoines en fleurs, où l'on voit un groupe de cinq jeunes femmes en compagnie de Pao-yu, s'amusant à lancer des cerfs-volants.

L'automne. Deux femmes sur une terrasse ; une autre, à la porte du jardin, semble écouter leurs confidences. La lune, qui brille au-dessus des montagnes, se reflète dans la rivière.

L'hiver. Auprès d'un kiosque richement décoré, dans la montagne, Pao-yu est accompagné de jeunes femmes ; l'une l'abrite sous un parapluie ; l'autre le précède, en portant devant lui une élégante lanterne allumée.

Le *Hong leou mong* a fait, de la part du sinologue anglais, M. Herbert A. Giles, l'objet de plusieurs études sous le titre de « The dream of the red chamber ». Cet ouvrage de fiction, dont l'auteur n'est pas connu, est le plus célèbre des romans modernes chinois. Il portait primitivement le nom de *Che t'eou ki*, ou « Histoire de la pierre » et fut composé vers le milieu du dix-huitième siècle. D'après M. Giles, il faut entendre le titre chinois actuel comme signifiant « Une vision de richesse et de puissance ».

855. TABLEAUX DES FAITS LES PLUS MÉMORABLES DE L'HISTOIRE DES CINQ MONTAGNES SACRÉES et des Quatre fleuves principaux divinisés par les Chinois (*Wou yo Sseu tou che tsi t'ou*). Long rouleau contenant une suite de neuf peintures, d'un beau coloris et d'une grande finesse d'exécution, illustrant l'histoire des dieux des montagnes et des rivières, dans la religion Taoïste. Epoque Ming.

856. TABLEAUX DES FAITS LES PLUS MÉMORABLES DES TROIS RELIGIONS : Confucianisme, Bouddhisme et Taoïsme (*Jou Che Tao san kiao che tsi t'ou*). Long rouleau contenant neuf peintures, aux vives couleurs et d'une grande finesse d'exécution, illustrant l'histoire des trois religions de la Chine. Epoque Ming.

857. Deux peintures chinoises. Ecole de Canton. Dames sur une terrasse. — Élégant intérieur, dames au bord d'un lac.

857 bis. Album de sept peintures chinoises (Signatures).

## ŒUVRE DE L'IMPÉRATRICE DE CHINE

858. Tableau représentant une branche de sapin, à deux touffes d'aiguilles, et un bouquet de neuf champignons fleuris, auxquels les Chinois attribuent une existence éternelle et le pouvoir de conférer l'immortalité. Peint par la célèbre Impératrice Douairière de Chine, morte le 15 novembre 1908, et portant son sceau officiel et ses cachets privés. Fond de soie blanche de 1$^m$,08 sur 0$^m$,56 ; encadrement de soie rouge brochée. Monture sur rouleau de bois ; haut. totale, 2$^m$,40 sur 0$^m$,90 de largeur.

On sait le goût qu'avait pour la peinture la fameuse Impératrice Douairière. Elle se plaisait à donner ses œuvres aux personnes qu'elle voulait distinguer, notamment à des dames de la haute société étrangère, à Pékin. C'est une de ces manifestations artistiques de la Souveraine qui est aujourd'hui offerte aux amateurs. Elle constitue une rareté, d'un haut intérêt historique. Au haut du tableau figure le grand sceau officiel carré, frappé en vermillon et portant l'inscription : *Ts'eu hi houang t'ai heou tche pao* « Sceau Impérial de l'Impératrice Douairière Ts'eu-hi (Bienveillante et Bénie)». Vers la droite, un cachet long indiquant l'atelier ou le pavillon du Palais réservé à ces collections : *Ta ya tchai*. « Cabinet d'étude des Grands modèles » (Allusion à une partie du *Che King*, ou « Livre canonique de la poésie »). Ce cachet est accompagné d'une légende manuscrite tracée au pinceau, dont la traduction est :

« Du pinceau Impérial, pendant la deuxième décade de la troisième lunaison de l'automne de l'année *Wou-siu* du règne Kouang-siu (1898). »

Pour comprendre le sens du dessin et de la pièce de vers qui se trouve à gauche et que l'Impératrice fit composer et écrire par un habile lettré, il faut se rappeler les vertus du champignon fleuri (*tche ts'ao*), le souhait de longue vie que sa figuration implique et savoir aussi que le sapin est vénéré comme un emblème de vigueur et de longévité. Voici comment Wou Che-kien (Chinois de la province du Tcho-kiang, reçu docteur à Pékin en 1892 et qui fut plus tard, en 1901, nommé Chancelier littéraire du Kouang-si) sut galamment muer, dans un quatrain de vers de sept pieds, le dessin de l'Impératrice en un compliment du meilleur augure pour Elle ou pour la personne que la faveur auguste devait en constituer le destinataire ultérieur :

De vertes frondaisons et de sombres vapeurs s'épaississent dans la Ville Interdite (comprenez : nombreux sont les sapins dans le Palais Impérial).
L'ombre des nuées et le bruit des flots remplissent la Forêt supérieure (soit : Des paysages variés et des eaux murmurantes remplissent le parc du Souverain).
Les branches de cinabre, comme autant de joyaux, font monter vers Vous leurs dons fortunés (il s'agit, en vertu d'une allusion poétique classique, des divins champignons).
Leurs neuf tiges s'élèvent haut vers Vous pour que la splendeur solaire vous environne (ce fut l'heureux effet dû à ces cryptogames, lorsque neuf d'entre eux se trouvèrent réunis jadis, assure-t-on, sur un même pédoncule).

Et le poète a signé :
« Votre sujet, Wou Che-kien, a composé respectueusement cette légende », que suit son petit cachet.

# PEINTURES JAPONAISES

859. Vues de Kyôtô. Longue peinture de l'École de Tosa, coupée de grands nuages d'or. Makimono de plus de 6 mètres de long.

L'artiste fait preuve d'une grande habileté dans la composition et dans l'ordonnancement de tous ces petits tableaux, dans la peinture de ces scènes si animées à travers les rues de la ville et dans la campagne voisine. Une quantité de petits personnages d'un dessin très fin, très spirituel, s'y livrent aux occupations les plus diverses. Et toute la ville se déroule en un long panorama. Ce sont des temples, avec la foule des fidèles, c'est le palais où se rend le cortège de l'ambassadeur de Corée, ici, un bain-douches, là, un tir à l'arc, plus loin un concert en plein vent. Partout la foule circule plus ou moins dense, un daïmyo et son escorte, des samouraï suivis de leurs serviteurs, des porteurs de Kago, des badauds devant les boutiques de marchands, des laboureurs sarclant un petit champ. Tout cela forme un ensemble curieux, amusant, et d'un art très délicat.

860. Autre peinture de l'École de Tosa. Vues de Kyôtô, par le même artiste. Scènes des rues de la capitale, course de chevaux, quartier des marchands, un kiosque impérial, un temple, une représentation de guéshas, etc. Makimono d'environ 6 mètres de long.

861. Une fête shintoïste (*Matsuri*), célébrée par toutes les classes de la population au Japon. Très long makimono, fort intéressant pour les costumes, les accessoires, les armes, etc., représentés dans le long cortège qui se déroule en cette peinture.

862. Trois longs makimonos, dans le style de Tosa. C'est l'histoire d'un couple de gens du peuple admis dans le palais de l'Empereur. L'artiste s'est attaché à rendre avec sincérité, peut-être même en les exagérant, les types des deux classes de la société japonaise qu'il met en présence, la plèbe et l'aristocratie.

863. Les personnages célèbres de la Chine, suite de dessins à l'encre de Chine, rehaussés de tons légers. Les personnages représentés sont au nombre de 33,

parmi lesquels Fou-hi, Confucius, Mencius, Çakyamouni, Dharma, Lao tseu, des prêtres bouddhiques, des sages, des poètes, des femmes illustres, des héros parmi lesquels il en est un qui mérite d'être cité, pour son titre de gloire, comme indice de la mentalité chinoise, c'est (n° 11) le ministre d'un Roi qui vient de monter sur le trône. Il propose à une concubine du feu roi une promenade en bateau au cours de laquelle il la noie de crainte que ses artifices et ses charmes ne causent un jour quelque tort au pays.

864. Épisodes de la vie de Ko-machi, la poétesse célèbre par sa beauté et son talent. Huit peintures, en un long makimono, dans le style de Tosa, où l'artiste a représenté Ko-machi d'abord dans sa gloire, puis vieille et pauvre et parvenue au dernier degré de la décrépitude. Entre chaque composition on a peint des oiseaux sur des branches en fleurs.

865. Huit paysages du Japon, sur soie, en grisaille, et montés en unlong makimono où l'on a peint, entre chacun des paysages, des oiseaux et des fleurs.

866. La culture du riz. Suite de peintures en un long makimono.

867. Un combat de coqs dans une cour du palais impérial. Dans un kiosque au bas duquel sont des archers, les dames, cachées par des stores, assistent au spectacle. Makimono curieux moins pour la peinture que pour la représentation des costumes du palais.

868. Les costumes des dames de la cour à Kyôtô. 14 modèles de modes, costumes vus de face et de dos. Un makimono.

869. Scènes de la vie seigneuriale. Peinture de 1$^m$,50 de long, en un makimono.

870. Six vues de Yédo, aux différentes saisons de l'année. Peintures rappelant le procédé de nos anciennes vues d'optique. Un makimono.

871. Guerriers et guerrières. Trois scènes peintes sur soie, d'après Hokusai.

872. Kakémono. Scène sous des arbres en fleurs.

873. Deux kakémonos sur soie. Beautés japonaises.

874. Le dieu de la longévité, volant sur sa grue, à travers le ciel. Kakémono.

875. Un daimyo en costume de guerre. Peinture sur soie montée en kakémono.

# OBJETS DIVERS

876. TABLE-SUPPORT, bois noir à incrustations de nacre et de burgau. Sur le plateau, scène à douze personnages devant un kiosque ombragé de pins, au bord d'un lac. Travail artistique de Yang-tcheou (Kiang-sou).

877. UN JEU DE PEIGNES de dame chinoise, tels qu'on les fabrique pour l'usage des personnes auxquelles ils sont donnés en présent par les Impératrices. 10 pièces. Ivoire à émaux polychromes.

LA PRÉSENTE COLLECTION PROVIENT DE LA FEUE IMPÉRATICE DOUAIRIÈRE Ts'eu-hi Touan-yeou K'ang-yi Tchao-yu Tchouang-tch'eng Cheou-Kong K'iu-hien Tch'ong-hi, décédée en novembre 1908, tante et mère adoptive de l'Empereur Kouang-siu. Elle en fit don à une dame européenne au cours d'une présentation officielle.

878. BOUDDHISATVA accroupi, les jambes croisées, les mains faisant le geste de la méditation. Adossé à un nimbe flammé trilobé, il porte sur la tête un diadème à pendentifs. Bronze doré.

879. BOL ET COUVERCLE, émail cloisonné fond turquoise, fleurs et ornements stylisés, polychromes. Caractères de félicité au couvercle et dessous le bol. Le bol est de l'époque Tao kouang et le couvercle de l'époque Kien long. Chine.

880. VASE de bronze à six pans, à deux anses, salamandres à doubles queues ; patine noire. Chine.

881. NETZKÉ ivoire : sennine riant ; il est debout, son chapeau fixé sur le dos, et tient un long bâton tortueux. Japon.

882. GRANDE COUPE creuse, godronnée, fond blanc, décorée en bleu de fleurs et d'oiseaux. Faïence de la Riviera de Gênes.

883. UN PLATEAU circulaire plat à piédouche, faïence blanche décorée en jaune d'oiseaux, de lapins et de fleurs. Faïence italienne.

# TABLE DES MATIÈRES

| | |
|---|---:|
| Bronzes et métaux divers. | 1 |
| Corée. | 1 |
| Chine. | 2 |
| Japon. | 6 |
| Divinités bouddhiques. | 7 |
| Bois naturels et bois laqués. | 9 |
| Corée. | 9 |
| Chine. | 10 |
| Japon. | 12 |
| Pierres, marbres et matières précieuses. | 15 |
| Corée. | 15 |
| Chine. | 16 |
| Japon. | 18 |
| Objets divers. | 19 |
| Éventails, écrans, etc. | 22 |
| Armes et accessoires. | 24 |
| Corée. | 24 |
| Chine. | 24 |
| Japon. | 25 |
| Instruments de musique. | 26 |
| Étoffes. | 27 |
| Corée. | 27 |
| Chine. | 28 |
| Japon. | 31 |
| Influence de l'Europe en Chine aux XVIIᵉ et XVIIIᵉ siècles. | 33 |
| Émaux cloisonnés. | 37 |
| Chine et Japon. | 37 |
| Émaux peints de la Chine. | 38 |
| Meubles. | 39 |
| Corée. | 39 |
| Chine. | 40 |
| Tonkin. | 41 |
| Perse. | 41 |
| Japon. | 42 |
| Pelleteries. | 42 |

| | |
|---|---:|
| Nattes et stores.. | 43 |
| Objets du Maroc et du Levant. | 43 |
| Paravents. | 44 |
|     Corée et Japon. | 44 |
| Monnaies Coréennes. | 45 |
| Verres de la Chine.. | 46 |
| Peintures Coréennes. | 47 |
|     40 portraits de personnages coréens. | 47 |
|     Albums, kakémonos, etc. | 47 |
| Peintures Chinoises.. | 50 |
| Peintures Japonaises. | 53 |
| Céramique Chinoise. | 55 |
|     Flacons et Tabatières. | 60 |
| Céramique Japonaise. | 62 |
| Livres et gravures imprimés en Corée depuis le xiv° jusqu'au xix° siècle. | 66 |
| Gravures Coréennes. | 83 |
| Cartes Sino-Coréennes.. | 84 |
| Ouvrages illustrés et albums de la Chine. | 86 |
| Estampes et albums du Japon. | 89 |
| Supplément. | 91 |
|     Peintures chinoises. | 91 |
|     Peinture, œuvre de l'Impératrice douairière. | 93 |
|     Peintures japonaises. | 94 |
|     Objets divers.. | 96 |

Ernest LEROUX, Éditeur
rue Bonaparte, 28

# HISTOIRE DE L'ART EN ORIENT

LE BAYON D'ANGKOR THOM. **Bas-reliefs** publiés par les soins de la Commission archéologique de l'Indochine, d'après les documents recueillis par la Mission Henri Dufour, avec la collaboration de Charles Carpeaux. Un volume in-4, de 232 planches.. . . . . . . . 100 fr.

BENAZET (A.). **Le théâtre au Japon.** Un volume in-8, richement illustré. . . . . . . 7 fr. 50

BEYLIÉ (Le général L. de). **L'habitation Byzantine.** Recherches sur l'architecture civile des Byzantins et son influence en Europe. In-4, accompagné de 82 planches. . . . . . . 40 fr. »

— **L'architecture hindoue en Extrême-Orient.** Gr. in-8, richement illustré. . . . . . . 15 fr. »

— **La Kalaa des Beni-Hammad.** Une capitale berbère de l'Afrique du Nord au xi$^e$ siècle. Gr. in-8, illustrations et 39 planches, dont 2 en couleur. . . . . . . . . . . . . . 15 fr. »

BLONDEL (S.). **Le jade.** In-8. . . . . . . . . . . . . . . . . . . . . . . . 2 fr. »

BOURGOIN (J.). **Précis de l'art arabe** et matériaux pour servir à l'histoire, à la théorie et à la technique des arts de l'Orient musulman. In-4, 300 planches en noir et en couleur. . 150 fr. »

BRETSCHNEIDER. **Recherches archéologiques et historiques sur Pékin** et ses environs. Traduction française. In-8, plans et fig. . . . . . . . . . . . . . . . . . 12 fr. »

CHAVANNES (Ed.), de l'Institut. **Mission archéologique dans la Chine Septentrionale.** 2 albums in-4, comprenant 488 planches, et 2 volumes de texte qui paraîtront ultérieurement.. . . . . . . . . . . . . . . . . . . . . . . . . . . . . . 150 fr. »

— **La sculpture sur pierre en Chine,** au temps des deux dynasties Han. In-4, 60 planches. . 25 fr. »

— **Le T'ai chan,** monographie d'un culte chinois. Appendice : le Dieu du sol dans la Chine antique. In-8, planches. . . . . . . . . . . . . . . . . . . . . . . . 20 fr. »

— **Cinq cents contes et apologues,** extraits du *Tripitaka chinois* et traduits en français. 3 forts volumes gr. in-8. . . . . . . . . . . . . . . . . . . . . . . . . 45 fr. »

CLERCQ (L. de). **Catalogue de la collection de Clercq.** Tomes I-II. Antiquités assyriennes. In-folio, nombreuses planches en héliogravure. . . . . . . . . . . . . . . . 60 fr. »

    Tomes III à V. Bronzes, marbres, antiquités chypriotes. In-4, planches. Chaque volume. 40 fr. »

    Tome VI. Les terres cuites et les verres. In-4, 30 planches. . . . . . . . . . 30 fr. »

    Tome VII. Bijoux, pierres gravées. In-4 (sous presse). . . . . . . . . . . . 40 fr. »

CLERMONT GANNEAU, de l'Institut. **Recueil d'archéologie orientale.** Tomes I à VIII. 8 volumes in-8, figures et planches. . . . . . . . . . . . . . . . . . . . 175 fr. »

COLLIGNON (Max.), de l'Institut. **Les Statues funéraires dans l'art grec.** Un beau volume in-4, richement illustré. . . . . . . . . . . . . . . . . . . . . . . . 30 fr. »

DESHAYES (E.). **La céramique japonaise. Les cérémonies du thé au Japon.** In-18. . . . 3 fr. 50

CORDIER (Henri), de l'Institut. **Bibliotheca Sinica.** Dictionnaire bibliographique des ouvrages relatifs à l'Empire chinois. 4 volumes gr. in-8. . . . . . . . . . . . . . 200 fr. »

COURANT (Maurice). **Bibliographie coréenne.** Tableau littéraire de la Corée contenant la nomenclature et l'analyse des ouvrages publiés jusqu'en 1890. 4 vol. gr. in-8, fig. et planches. 82 fr. 50

— **Catalogue des livres chinois** de la Bibliothèque nationale. Tomes I, II. 2 volumes in-8, publiés en 7 fascicules. Chaque fascicule. . . . . . . . . . . . . . 8 fr. »

DURET (Th.). **Catalogue raisonné des livres et albums** illustrés du Japon, à la Bibliothèque Nationale. In-8, gravures et planches en couleurs. . . . . . . . . . 7 fr. 50

EUDEL (Paul). **Dictionnaire des bijoux de l'Afrique du Nord.** In-8, nombr. fig. . . 10 fr. »

FONSSAGRIVES (E.). **Si-ling.** Étude sur les tombeaux de l'Ouest de la dynastie des Ts'ing. In-4, gravures et planches en noir, en chromotypographie et en chromolithographie. . 30 fr. »

FOUCART (G.). **Histoire de l'ordre lotiforme.** Étude d'archéologie égyptienne. Gr. in-8, illustré de 76 dessins. . . . . . . . . . . . . . . . . . . . . 16 fr. »

FOUCHER (A.). **L'art gréco-bouddhique du Gandhara.** Étude sur les origines de l'influence classique dans l'art bouddhique de l'Inde et de l'Extrême-Orient. Tome I. Les édifices. — Les bas-reliefs. Gr. in-8, 300 illustrations, planche et carte. . . . . . 15 fr. »

— **Étude sur l'iconographie bouddhique de l'Inde**, d'après des textes inédits. In-8, en 2 fascicules avec 39 figures et 10 planches. . . . . . . . . . . . . 16 fr. »

FOURNEREAU (L.). **Les ruines Khmères, Cambodge et Siam.** Documents d'architecture, de sculpture et de céramique. Album de 110 planches, en un carton. . . . . . 50 fr. »

GAYET (A.). **L'Art Copte.** Architecture monastique, sculpture, peinture. Gr. in-8, illustré. 20 fr. »

HAMDY BEY et Th. REINACH. **Une nécropole royale à Sidon.** In-folio, planches en héliogravure et héliochromie. . . . . . . . . . . . . . . . . . . . 200 fr. »

HEUZEY (Léon), de l'Institut. **Découvertes en Chaldée.** 5 livraisons in-folio, planches. . 140 fr. »

HUART (C.). **Les calligraphes et les miniaturistes de l'Orient musulman.** In-8, illustré de nombreuses figures et de 10 planches. . . . . . . . . . . . . . 16 fr. »

JAMETEL (M.). **L'encre de Chine**, son histoire, sa fabrication. In-18, illustré. . . . 5 fr. »

LAJONQUIÈRE (L. de). **Inventaire descriptif des monuments du Cambodge.** 2 vol. gr. in-8, richement illustrés. . . . . . . . . . . . . . . . . . . . . . 30 fr. »

— **Atlas archéologique de l'Indo-Chine.** In-folio, cartes, cart. . . . . . . . 12 fr. »

ORY (Paul). **L'arbre à laque.** In-8, fig. . . . . . . . . . . . . . . 2 fr. 50

PARMENTIER (H.). **Inventaire descriptif des monuments de l'Annam.** Gr. in-8, illustré. 16 fr. «

— **Album des planches et cartes de l'Inventaire.** Gr. in-8, en un carton. . . . 16 fr. »

SALADIN (H.). **Les monuments arabes de la Tunisie.** I. La mosquée de Sidi Okba à Kairouan. In-4, fig. et 29 planches. . . . . . . . . . . . . . . . 25 fr. »

STEENACKERS (L.). **Cent Proverbes japonais,** illustrés par Ouéda Tokounosouké. In-4, 200 illustrations à plusieurs tons. . . . . . . . . . . . . . . . 20 fr.

UJFALVY (Ch.-Eug. de). **L'art des cuivres anciens au Cachemire et au Petit Tibet.** Gr. in-8, illustré. . . . . . . . . . . . . . . . . . . . . . . . 6 fr. »

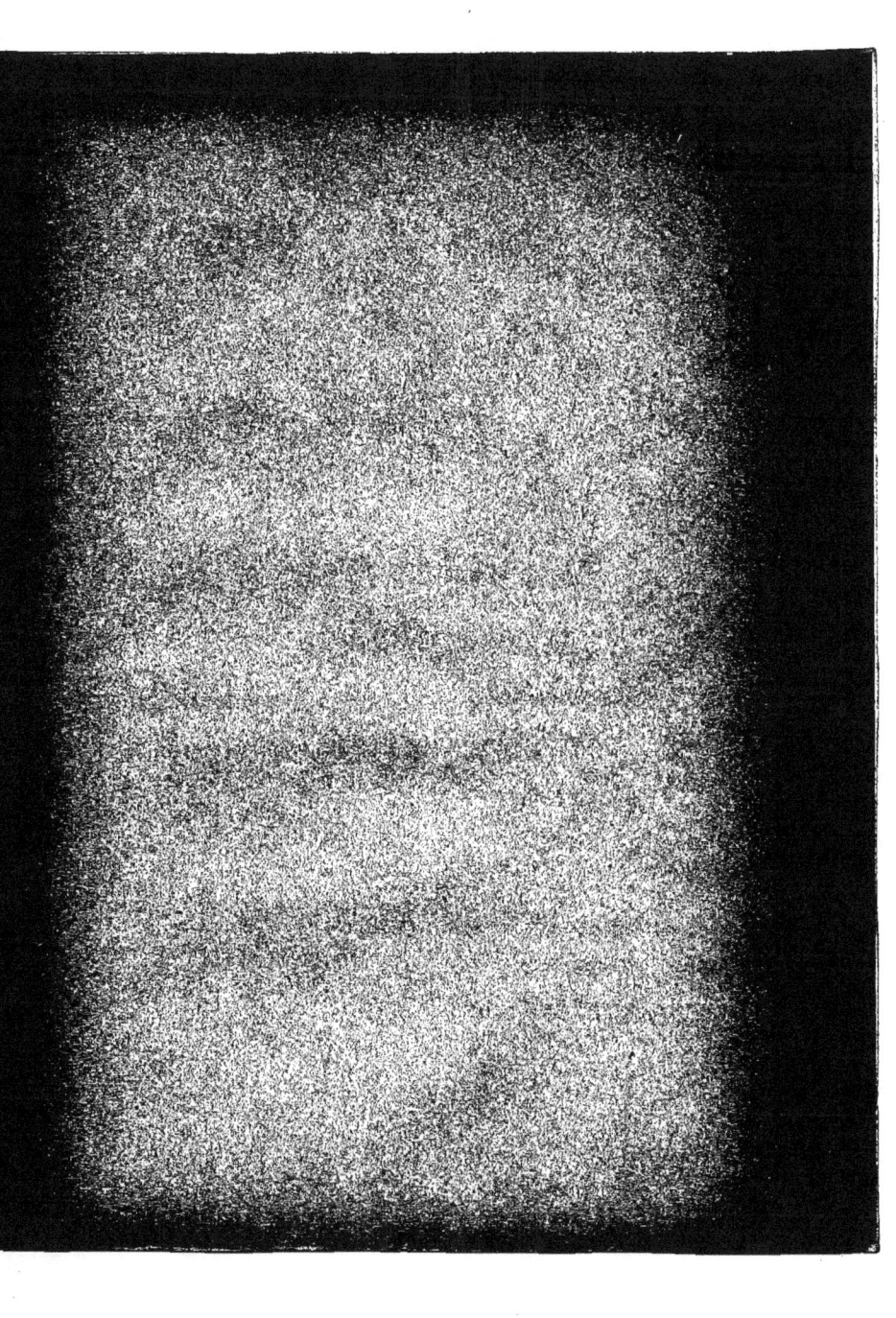

www.ingramcontent.com/pod-product-compliance
Lightning Source LLC
Chambersburg PA
CBHW070529100426
42743CB00010B/2006